大学生教育理论与管理研究

龚向哲　著

汕頭大學出版社

图书在版编目（CIP）数据

大学生教育理论与管理研究 / 龚向哲著. -- 汕头 : 汕头大学出版社, 2023.3
ISBN 978-7-5658-4988-6

Ⅰ. ①大… Ⅱ. ①龚… Ⅲ. ①大学生—教育管理—研究 Ⅳ. ①G647

中国国家版本馆 CIP 数据核字 (2023) 第 056649 号

大学生教育理论与管理研究
DAXUESHENG JIAOYU LILUN YU GUANLI YANJIU

作　　者：龚向哲
责任编辑：陈　莹
责任技编：黄东生
封面设计：皓　月
出版发行：汕头大学出版社
　　　　　广东省汕头市大学路 243 号汕头大学校园内　邮政编码：515063
电　　话：0754-82904613
印　　刷：廊坊市海涛印刷有限公司
开　　本：710mm×1000mm　1/16
印　　张：5.75
字　　数：100 千字
版　　次：2023 年 3 月第 1 版
印　　次：2024 年 4 月第 1 次印刷
定　　价：46.00 元
ISBN 978-7-5658-4988-6

前言

随着国家对教育事业重视程度的不断提高，高等教育得到了快速发展，如何树立以提高质量为核心的高等教育发展观，全面提高高校大学生人才培养质量、科学研究水平、社会服务能力和文化传承创新能力；如何树立与高等教育大众化相适应的高等教育质量观、实施重大发展项目，既着力培养拔尖创新人才，又大量培养应用型、复合型、技能型人才等诸多新情况、新问题为新形势下高校大学生的发展提出了新挑战。并且，随着我国社会主义市场经济的发展与社会改革的推进，大学生的教育管理工作也面临着革新。在传统的高等教育管理体制中，高度集中、高度统一的行政化管理理念和管理模式已经不适应高等教育形势的新变化，所以，转变高等教育管理方式，研究新时期大学生教育管理具有重要的理论与现实意义，是高校在未来谋求长足发展及内涵提升的必经之路。

基于此，笔者以“大学生教育理论与管理研究”为题，首先分析大学生教育的特征、原则以及大学生教育管理的理论依据；其次论述大学生教育的三个维度和方法；最后研究大学生教育管理取向及功能、大学生管理创新实践。

本书有以下特征：

第一，系统性特征：本书从理论到实践，从宏观到微观，系统地分析大学生教育理论与管理的相关概念、方法和策略，帮助读者全面了解该领域的知识。

第二，综合性特征：本书涵盖了大学生教育的方方面面，包括教育理论、教育心理学、教育管理学等多个学科的知识，帮助读者建立起全面的教育理论与管理的框架。

第三，实用性特征：本书注重理论与实践的结合，帮助读者将理论知识应用到实际的大学生教育管理中，提高实际操作的能力。

第四，创新性特征：本书关注当前大学生教育的新趋势和挑战，分析了一些前沿的教育理论和管理方法，帮助读者跟上时代的变化和发展。

第五，可读性特征：本书以简明易懂的语言编写，结构清晰，篇幅适中，适合不同背景的读者阅读和学习。

本书在写作过程中，由于作者水平有限，加之时间紧促，书中错误和不足之处，敬请广大读者批评指正。

目录

第一章
大学生教育及其管理概述

第一节　大学生教育的特征

大学生教育是教育体系中一个关键而复杂的环节，其特征涵盖了广泛而深刻的方面。随着社会的不断发展和变化，大学生教育的特征也在不断地演变和完善。大学生教育的特征包括多样性、全面性、开放性、实践性和创新性等方面，这些特征共同构成了大学生教育的独特魅力和内涵。大学生教育的主要特征包括以下方面：

一、多样性特征

大学作为一个知识的殿堂和智慧的摇篮，吸引着来自不同地区、不同背景、不同文化的学生。这种多样性使得大学教育具有了丰富的文化内涵和多元化的教育特点。在这样的背景下，大学教育应该注重培养学生的包容性和多元化的思维方式，使他们能够在不同文化背景下进行有效的交流和合作，拓展自己的视野和思维，增强跨文化交流的能力，培养成为具有国际视野和全球胸怀的综合型人才。

二、全面性特征

全面教育是指大学生教育应该关注学生的全面发展，不仅包括学术方面的培养，还包括思想品德、身心健康、实践能力等多方面的全面提升。大学教育应该注重培养学生的综合素质，包括道德品质、审美情趣、实践能力、创新能力等方面的提高，使学生能够在未来的社会生活和工作中胜任各种角色和职责，成为社会发展的栋梁之材。

三、开放性特征

大学生教育的特征还表现在开放性，是指大学生教育应该注重培养学生的开放思维和创新意识，使其能够主动适应社会的发展和变化。大学生教育应该鼓励学生勇于尝试、敢于创新，培养他们的创新精神和创造能力，使其能够在面对未知挑战和问题时具有积极的应对和解决能力。这种开放性的教育特点有助于激发学生的创新潜能，培养他们的独立思考能力和创新精神，为社会的发展和进步注入新的活力和动力。

四、实践性特征

实践教育是大学生教育的重要组成部分，学生通过参与各种实践活动，加强与社会的联系和互动，提高学生解决实际问题的能力。大学应该积极推动理论与实践的结合，使学生能够将所学的理论知识应用到实际生活和工作中去，提高其解决实际问题的能力和实践操作的技能，为将来的工作和职业发展奠定坚实的基础。

第二节　大学生教育的原则

一、以人为本原则

大学生教育作为培养和造就社会所需要的合格人才以促进社会发展和完善

的崇高事业，自然应当全面体现以人为本的时代精神。因此，大学生教育强调以人为本，把重视人、尊重人、理解人、爱护人、提升人和发展人的精神贯穿于教育教学的全过程、全方位，它更关注人的现实需要和未来发展，更注重开发和挖掘人自身的禀赋和潜能，更重视人自身的价值及其实现，并致力于培养人的自尊、自信、自爱、自立、自强意识，不断提升人们的精神文化品位和生活质量，从而不断提高人的生存能力和发展能力，促进人自身的发展与完善。大学生教育已成为增强民族凝聚力的重要手段，成为综合国力的基础并日益融入时代的潮流之中，备受人们的青睐与关注。

二、素质教育原则

大学生教育注重教育过程中知识向能力的转化工作及内化为自身能力的良好素质，强调知识、能力与素质在人才整体结构中的相互作用、辩证统一与和谐发展。大学生教育强调学生实践能力的锻造和全面素质的培养和训练，主张能力与素质是比知识更重要、更稳定、更持久的要素，把学生综合素质的培养与提高作为教育教学的中心工作，以帮助学生学会学习和强化素质为基本教育目标，旨在全面开发学生的多种素质潜能，使知识、能力、素质和谐发展，提高人的整体发展水平。

三、创造性原则

大学生教育强调教育教学过程是一个高度创造性的过程，以点拨、启发、引导、开发和训练学生的创造力才能为基本目标，它主张以创造性的教育教学手段和优美的教育教学艺术来营造教育教学环境，以充分挖掘和培养人的创造性，培养创造性人才。完整的创造力教育是由创新教育（旨在培养学生的创新精神、创新能力与创新人格）与创业教育（旨在培养学生的创业精神、创业能力与创业人格）二者结合而形成的生态链构成，因此，加强创新教育与创业教育并促进二者的结合与融合，培养创新、创业型复合性人才成为现代教育的基本目标。“随着社会的不断进步和发展，培养创新型人才已成为当前高校人才培养的共识，为了促进这一人才培养目标的有效达成，高校必须要将创新教育理念引入教育管理中，并在此基础上积极探索出更为高效的教育管理模式和体系，提升教育管理水平，促进学生创新能力的发展”①。

四、主体性原则

大学生教育是一种主体性教育，它充分肯定并尊重人的主体价值，宣扬人的主体性，充分调动并发挥教育主体的能动性，使外在的、客体实施的教育转换成受教育者主体自身的能动活动。主体性理念的核心是充分尊重每一位大学生的主体地位，“教”始终围绕“学”来开展，以最大限度地开启学生的内在潜力与学习动力，使学生由被动接受客体变成积极的主动的主体和中心，使教育过程真正成为学生自主自觉的活动和自我建构过程。教育过程以学生为中心、以活动为中心、以实践为中心，倡导自主教育、快乐教育、成功教育和研究性学习等新颖活泼的主体性教育模式，以激发学生的学习热情，培养学生的学习兴趣和习惯，提高学生的学习能力，使学生积极主动地、生动活泼地学习和发展。

五、个性化原则

丰富的个性发展是创造精神与创新能力的源泉，知识经济时代是一个创新的时代，需要大批具有丰富而鲜明个性的个性化人才来支撑。大学生教育强调尊重个性，正视个性差异，张扬个性，鼓励个性发展，允许学生发展的不同，主张针对不同的个性特点采用不同的教育方法和评估标准，为每一位学生的个性充分发展创造条件。大学生教育把培养完善个性的理念渗透教育教学的各个要素与环节之中，从而对学生的身心素质特别是人格素质产生深刻而持久的影响力。在教育实践中，首先，个性化理念要求创设和营造个性化的教育环境和氛围，构建个性化教育平台；其次，在教育观念上，它提倡平等观点、宽容精神与师生互动，承认并尊重学生的个性差异，为每一位学生个性的展示与发展

① 张洁．试论创新教育理念下的高校教育管理 [J]. 山西青年，2022（9）：180.

提供平等机会和条件，鼓励学习者各显神通；最后，在教育方法上，它注意采取不同的教育措施施行个性化教育，注重因材施教，实现从共性化教育模式向个性化教育模式转变，给个性的健康发展提供宽松的生长环境。

六、系统性原则

随着知识经济的不断发展，终身教育成为现实，教育成为伴随人的一生的最重要的活动之一。因而，教育不再仅仅是学校单方面的事情，也不仅仅是个人成长的事情，而是关系到社会进步与发展的大事，是普遍提高整个国民素质的事情，是关乎精神文明建设及“两个文明”协调发展的全局性、战略性大业，它是一项由诸多要素组成的复杂的社会系统工程，涉及许多行业和部门，需要全社会普遍参与、共同努力才能做好。我国正在形成的是一种社会大教育体系，它需要在系统工程的理念指导下进行统一规划、设计和一体化运作，以培养人们的学习能力、提升人们的生存能力和发展能力为目标，以实现社会系统内部各环节、各部门的协调运作、整体联动为基础，把健全教育社会化网络作为构成教育环境的中心工作，促进大教育系统工程的良性运行与有序发展，以满足学习化社会对教育发展的迫切要求。

第三节　大学生教育管理的理论依据

一、大学生教育管理中的教学观

（一）教学观的认知

教学观支配着教师的教学实践活动，决定着教师在教学活动中采取的态度和方法。由教师的教向学生的学转化是现代教学观，现代教学观要求使用发展的观点来看待学生，着眼于调动学生学习的积极性和主动性，教给学生学习的方法，培养学生学习的能力，培养学生不断学习、不断探索、不断创新的能力，以适应不断变化的社会。现代教育理念是高校教学观的理论基础，而现代教育理念的核心思想则是高等教育理论的基石。

大学生教育理念包括理论与实践的研究，是大教育观，它注重整体性和方向性的研究。大学生教学观是现代教育理念在操作层面中的运用，是实践现代教育理念的工具和手段，因此，现代教育理念与大学生教学观是紧密相连的，高校教师和教学管理者掌握现代教育理念，并将其转化为指导教育实践的教学观，有着非常重要的现实意义。教学是学校的中心工作，是育人的基本实践活动。教学观就是教师对教学的认识或对教学的主张，具体而言，就是教师对教学目标、教学过程、教学对象等基本问题的认识。教师从这一认识出发，确定教学目标，选择教学方法，并决定了教师在教学中对教育对象采取的态度。因此，有何种的教学观，就有何种教学行为，不同的教学行为必然导致不同的教学效果。

（二）教学观的主张

教学观的主张包括以下方面：

第一，学科教学的最终目标是促进学生的全面和谐发展。学科教学作为教育的基本活动形式，其目标应全面体现教育的培养目标体现教育功能的前瞻性，体现学生的全面发展。学科教学的终极目标，不仅要使学生掌握一定的知识技能，而且还要发展学生的智力和体力，与此同时，还要培养学生正确的世界观，形成健康的个性品质，即学科教学的最终目标是促进学生全面和谐地发展。教学的基本价值、基本作用、基本任务都决定了教学的最终目标是全面育人。全面育人既是教学的终极目标，又是深化教学改革的目标。

第二，从“以教育者为中心”转变为“以学习者为中心”。一方面，在教学中调动学生的积极性。教师和学生是教学活动的两个基本要素，在教学活动中，教师与学生都以确定的对方为前提，教与学既相互独立又相互依赖，彼此以对方的存在为依据；另一方面，创建全新的教学方法。高校教学是一种有目的有计划地培养人的创造性活动，更重要的是发展学生的智力，发展学生内在创造潜能，全面提高学生素质，就要求改变传统教学方法，创建全新的教学方法体系，更充分地发挥教学的多方面功能，以实现人的素质全面和谐的发展。

第三，从“教学生学”转变为“教学生自己学”。随着生产力水平的提高，社会进步和科技发展日益加快，科学越来越呈现出高度分化又高度综合的格局，学生的创造性就像创造性学习一样，是使个人做好准备，为了在行动上与新情况相协调的一种读书模式，它能使学生在理解书本知识的基础上，学会使用预测、模拟、模型和情景描述等方法技巧，来考虑趋势，制定计划，评估目前决策的未来后果。与此同时，注重理论和实践的结合，创造性地解决各种复杂的问题。在教学中，教师不但要让学生学习知识，更要运用大量的时间来培养学生自主学习的能力，这是高校教学观念的最重要之处。

二、大学生教育管理中的学生观

教育活动是促进学生成长的自觉实践。学生观即人们对学生的基本认识和根本态度，是直接影响教育活动的目的、方式和效果的重要因素。当前，社会正处在教育现代化的历史进程中，各种各样的学生观大量存在，教师需要认真研究学生观的问题，努力确立现代学生观，在正确的学生观的指导下，找准教育与知识经济的结合点，全面实施素质教育，才能最大限度地开发学生的潜能。

（一）学生的主体地位

教师主体对学生客体的教育与改造，只是学生发展的外部条件和外因，学生的主体活动才是学生获得发展的内在机制和内因。虽然，人们在观念上并不一概地反对学生是主体，但在具体教育实践中，却往往不把学生作为真正的主体来对待，因此，如何落实学生在教育活动中的主体地位问题，需要进一步探索，具体包含以下方面：

第一，学生是学习活动的主体。对学生的学习活动，应做广义的认识和理解，它既包括各学科知识和技能的学习，学科能力和运用学科知识解决问题的能力的学习，又包括各学科知识之外的人文和科学等综合知识的学习，做人和做事等方面知识的学习；既包括知识、思想、观念等方面的学习，又包括态度、品质、行为等方面的学习；既包括习得和强化的一面，又包括矫正和消除的一面；既包括观察学习和模仿学习，又包括解决问题式的学习和创造性学习；既包括上述各个方面和各种形式的学习，又包括这些学习过程和学习机制的学习。学生作为这样一些学习活动的主体，要加工学习对象，改造学习对象，以建构自我、发展自我、完善自我，从而实现主体客体化。

第二，学生是具有一定主体性的人。学生作为各种学习活动的发起者、行动者、作用者，前提是他要有一定的主体性，这是他作为主体的基本条件。随着学生自我意识的形成和不断增强，学生自身就有一种自尊自信和追求真理的自觉性，在许多活动中表现出渴望独立，渴望自主选择，渴望自主判断。在大学生教育活动中，学生发挥自身主体性的形式是多种多样的，既表现为学习意向上的自觉性和主动性，又表现为学习过程中的接受、探索、训练、创新等具体行为。在不同的任务中，在不同的条件下，主体性表现的形式也各有差异。落实学生的主体地位，关键是根据具体的教育要求，调动学生的主动性，为学生构建广阔的活动空间。

（二）学生是独特的人

学生有着自己独特的内心世界、精神生活和内在感受，有着不同于成人的观察、思考和解决问题的方式，有着独特的个性。因此，在对学生的认识上，应确立“学生是独特的人”这一基本命题。“学生是独特的人”的命题，主要包含以下方面：

第一，学生是一个完整的人。学生并不是单纯的抽象的学习者，而是有着丰富个性的完整的人。学生每天来到学校，并不是以纯粹的学生（致力于学习的人）的面貌出现的，他们是以多种多样的个性展现在大众面前的。每一个学生来到学校的时候，除了怀有获得知识的愿望外，还带来了他自己的情感世界。在教育活动中，作为完整的人而存在的学生，不仅具备全部的智慧力量和人格力量，而且体验着全部的教育生活。学习过程并不是单纯的知识接受或技能训练，而是伴随着交往、创造、追求、选择、意志努力、喜怒哀乐等的综合过程，是学生整个内心世界的全面参与。高校教师要把学生作为完整的人来对待，就应认可学生完整的生活世界，丰富学生的精神生活，给予学生全面展现个性力量的时间和空间。

第二，每个学生都有自身的独特性。独特性是人的个性形成和完善的内在资源，也是教育努力的重要目标，重视学生的独特性和培养具有独立个性的人，应成为教师对待学生的基本态度。

（三）学生是发展中的人

如何看待学生的身心发展问题，是学生观的重要内容，涉及对学生天性和潜能的估计，也涉及对学生身心变化过程的认识。坚持何种发展观念，对教育目的的确定以及教育行为的选择都有直接的导向作用。正确的发展观念应包含以下方面：

1. 学生具有生命意义

学生是具有生命意义的人，这是一种最本质的朴素观，也是第一位的学生观，这是历史的进步和人类文明的标志，更是知识经济时代对教育的深切呼唤。从教育发展的历史实践而言，无论人们是坚持性善论还是坚持性恶论，最后都能通过一定的教育措施促使学生朝着积极的方向发展，区别主要在于各自的教育方式和教育重点。性善论注重主体的自觉和内在力量的挖掘；性恶论注重主体外在规范的约束和行为矫正。提倡用积极乐观的眼光和态度来评估学生的天性，教师应树立一种乐观的人性观，善意地评估学生的天性和行为表现，多关注学生身上所具有的那种自我提高和完善的内在需要与倾向。乐观估计学生的天性，也就是要坚信每个学生都是可以积极成长的，是可以造就的，是追求进步和完善的，因而对教育好每个学生都应充满信心。

2. 用发展的观点认识学生

用发展的观点来认识和对待学生，包含以下方面：

（1）学生身心发展是有规律的。人的身心发展，既是自然的客观过程，又是社会历史文化发展过程，是自然性与社会性的统一。遗传、环境和教育是决定个人身心发展的基本要素，各种因素作为个体发展的条件，通过个体的活动而发挥作用。人的身心发展，既是一个连续的过程，同时又有阶段性。不同的年龄阶段，有不同的年龄特征；一定阶段的年龄特征，具有相对稳定性，也有一定的可变性。人身心发展具有一般规律性，学生的身心发展，不仅服从这些规律，而且最典型地体现出人身心发展的特征与规律。认识到学生身心发展具有规律性，是非常必要的，这是客观地理解学生的基础。学生身心发展的规律客观上要求教师应努力学习、掌握有关人身心发展的理论，熟悉不同年龄阶段学生身心发展的特点，并依据学生身心发展的规律和特点开展教育活动，从而有效促进学生身心健康发展。

（2）学生是处于发展过程中的人。作为发展的人，也就意味着学生还是一个不成熟的人，是一个正在成长的人。作为发展的人，学生的不完善是正常的。发展作为一个进步的过程，总是与克服原有的不足和解决原有的矛盾联系在一起的，没有缺陷、没有矛盾，就没有发展的动力和方向。把学生作为一个发展的人来对待，就要理解学生身上存在的不足，就要允许学生犯错误，当然，更重要的是，要帮助学生解决问题，改正错误，从而不断促进学生的进步和发展，这也是坚持用发展的观点看待学生的重要要求。

第二章

大学生教育的三个维度

第一节　大学生生命教育

一、大学生生命教育的课程构建

（一）大学生生命教育的课程目标

1．生命教育课程目标的取向

（1）行为目标取向。行为目标是以具体的、可操作的行为的形式陈述的课程与教学目标，它指明课程与教学过程结束后大学生身上所发生的行为变化。大学生生命教育课程目标划分为认知领域、情感领域和动作技能三个维度。

第一，认知领域目标。人的认知领域目标是从简单到复杂、从低级到高级逐渐提升的，可以划分为六个层次：知识、领会、应用、分析、综合、评价。其中，知识目标旨在达成对生命教育基本内涵等基础性知识的理解，同时也包括应用知识和实践性知识，即解决生命教育领域中的“做什么”和“怎样做”等学理性问题。

第二，情感领域目标。生命教育的认识是一个从低层次到高层次不断发展的连续体。学习者首先仅仅是对某种生命现象有所察觉；然后开始有意识地注意；接着带有情感地对这种现象做出反应，并且能抽象出具体生活来理解和解释这种现象；最后，将这种观念和感受进行有结构的组织，并且将这种结构升华为一种人生观，即达到了情感领域目标的最高层次。

第三，动作技能目标。相较于其他课程的动作技能目标，生命教育课程在这方面目标的规定性相对较弱。

（2）生成性目标取向。大学生生命教育课程的价值取向是行为目标取向和生成性目标的结合，既要注重课程中对学生在知识、情感和能力方面的达成，同时也要针对当前的生命教育现状，针对大学生的身心发展特点，注重学习过程中的生成性目标，重视学生的体验，尊重他们解决问题的独特经验，发展学生对问题的兴趣。

2. 生命教育课程目标的依据

（1）当代大学生的需要。作为学习者的课程，课程的建设得满足学习者的学习需求。生命教育在学校教育的每一个阶段，由于学习对象的身心发展差异，具有阶段性和差异性。而大学生生命教育课程目标的确立要考虑的是大学生的身心发展的需要，这种学习的需要既要考虑年龄的差异，同时也应考虑个性的差异。“高校对大学生进行生命道德教育，应教育大学生珍惜生命、尊重生命；应引导大学生走向人生的美好和完善；应教育大学生自觉追寻自己生命的意义，彰显自己人生的价值”①。

第一，大学生成年社会人的身份与无法应对各种复杂生命问题的矛盾。从社会身份而言，他们大多是具有完全行动能力的成年人。然而由于长期处于成年人的保护下和相对简单的校园环境中，部分大学生在面对复杂的生命问题的时候，常常感到束手无策，在得不到正确指导时，可能会选择一些错误的方式来解决问题。

第二，理性情感与欲望的矛盾。在生理、心理成熟后，当代大学生所面对的生命问题主要集中在学习、人际交往、就业和情感等方面。因此，在课程中

① 王慧敏. 生命道德教育：高校道德教育的重要纬度 [J]. 教育探索，2012（4）：122.

应该设置相关的专题，让大学生学习脱离现实困境的方法和手段。

（2）当前社会发展的需要。生命教育的研究不能一味追求形而上的哲学思辨，它必须与社会现实紧密结合，遵循社会政治、经济、文化发展的规律，关注社会中每一个个体的生存状态和生命诉求，否则生命教育研究就失去了其现实依据。纵观中国现状，当前转型时期的社会环境和条件使生命教育成果进入学校，与社会现实广泛结合存在着现实的可能性和必要性。

（3）生命教育课程本身的需要。大学生生命教育课程应该在引进的基础上建立自己独特的问题领域和话语方式。在特定的社会政治、经济环境及文化背景影响下的域外生命教育，其目标直指西方的社会现实需要。因此，该领域在理论建构、研究方法、学科范式等方面都有着明显的西方特征和文化倾向性，只有在特定的西方社会文化背景下才具有针对性，才能凸显其真正的意义，并不是永恒真理。

3. 大学生生命教育课程目标的类别

（1）大学生生命教育的认知目标。认知目标是所有课程都必备的目标之一。大学生生命教育课程要让大学生形成有关生命的概念、知觉、判断、想象等。一方面，要帮助大学生了解和认识人生，了解生命的起源、特点、结构、规律等；另一方面，还要帮助大学生确立科学的理想和坚定的信念。在对生命教育的基本知识有了了解以后，如何帮助大学生树立正确的生命观、人生观和价值观就成了生命教育的重要课题。通过教育者的引导，大学生应正确对待当前的生命现状，找准自己的位置，选择与社会结合的最佳途径，从而将现实与想象结合，寻求自我发展、自我完善的途径。

（2）大学生生命教育的行为目标，主要包括以下方面：

第一，帮助大学生用责任来提升生命意识，并在此基础上激发他们的生命潜能和生命创造力，让他们积极、主动、健康地成长和成才。

第二，生命教育作为高等教育的内容之一，应该帮助大学生提高竞争力。大学生的生命活力来自强而有力的竞争力，而竞争力的关键在于创新精神和实践能力。创新精神和实践能力是一个综合的概念，其核心构成要素来自大学生的专业素养，包括专业知识和专业能力同时，作为专业课程的补充，生命教育课程以其丰富的内容和多样的形式，在提升大学生的创新精神和实践能力方面也会发挥一定的效用。

第三，大学生生命教育的行为目标在于预防大学生发生侵害生命行为。高校应开展生命教育，通过各种途径帮助有心理困扰问题的学生，对其进行及时疏导，使其寻找问题的原因，重拾对生活的信心。

（二）大学生生命教育的课程特征

1．综合性特征

生命教育课程以生命为圆心，围绕认识生命、珍惜生命和发展生命组织内容，课程的综合性是相对于其他课程知识结构的单一性而言的，为了保证大学生生命教育活动的顺利开展并收到良好效果，生命教育往往需要多科学、多层次的综合性知识，其中主要涉及哲学教育、安全教育、心理教育、社会生活教育、伦理道德教育、价值观和人生观教育、人体生理知识教育等方面，并在与其他学科教育的交融中，实现促进大学生认知、情感、意志与行动各方面发展的目标。综合性的课程性质往往也要求教师具有多层次、复合性的知识结构。

2．独特性特征

大学生生命教育一方面强调理论与实践知识的综合性；另一方面又必须体现课程的独特性。开展生命教育的目的是让大学生能珍惜生命、快乐生活，并且成就人生，既然生命教育的开展本身就是为了改变生命异化的现象，因此它能不完全被哲学、生理学、德育所取代，而具有其独立的特征。生命教育的独特性正是在尊重生命的理念下，强调人的自然生命之长、社会生命之宽、精神生命之高，并在此基础之上实现生命化的教育。既然每一个生命都是独特的，具有不同的个性、不同的思维方式和行为特征，有着独一无二的价值和尊严，因此，面对如此复杂的教育对象，生命教育应该遵循个性化的原则，在教育内容、教学方法和教育形式的选择上以及课程设计等方面有所甄别，体现差异性和个性化。只有这样，大学生生命教育课程才能直接击中问题要害，落到实处，收到成效。

3．开放性特征

（1）开放性的生命教育课程内容主要源于生命教育多元化的主题，但凡能够给当代大学生带来生命困顿的内容都可以成为研究的议题，其丰富的研究内容决定了生命教育是直面人的生命、通过人的生命、为了人的生命质量的提高而进行的社会活动，也是真正体现生命教育理念的教育。

（2）开放性的课程资源是生命教育的特征。研究内容和主题的多元性决定了生命教育课程资源的丰富性。教科书所涉及的理论知识以及实践操作模式仅仅是课程教学的参考资料，还必须联系大学生的生命实际，整合各学科的相关知识，挖掘高等教育中的典型案例，搜集更多有利于课堂教学的信息素材，有效地整合课程资源。

（3）强调教育过程的开放性。一方面，生命教育是在教育过程中生成有关生命的价值，涵养生命情怀。生命教育的课程开设应重视生命体验，创设情境，让学生参与其中。生命教育倡导的是生命本身从生活中学习，于生活中体悟，在生活中成长，教育在于引导学生自己去经历和体悟真实的生活。另一方面，这也体现在教育形式的开放性。除了课堂教学，生命教育还可以通过体验、讨论、叙事等多种形式进行。教师可以根据不同的教学目标及教学内容灵活机动地选用不同的教学场所。在以感知和体验为主的课程中，可以充分利用各方面平台进行多种形式的教育，给学生营造一个高度自由开放的思维空间和实践空间，使他们活泼生动地参与到教育过程中来，通过自己的判断与反思，达到体认知识、开启智慧和润泽生命的效果。

二、大学生生命教育的资源分析

（一）大学生生命教育的实践资源

1．实践资源的特征

（1）社会实践性特征。社会实践性是社会实践资源最突出的特点，与理论资源一样，社会实践资源也是人创造的一种资源，这个资源是在社会创造中完成的，是整个社会成员在漫长的人类实践中逐渐形成的，是一个社会集体共同创造的成果，因此它必然具有社会性的特征。

（2）继承发展性特征。社会实践资源是在漫长的人类生活中形成和发展起来的，继承性特点使得社会资源不断积累、扩充与发展。人类经济时代由此发生了质变，即从传统的经济时代（包括农业经济、工业经济，农业经济到工业经济有局部质变）飞跃到知识经济时代，这是信息革命、知识共享必然的结果。实践资源在其中也经历了筛选、继承、发展以及被强化的过程。

（3）流动开放性特征。社会实践资源的创造主体是人，全球化背景下，经济的飞速发展带动了人口的流动。社会文化资源流动性的主要表现是由于劳动力从流出地向流入地进行劳动力输出，特别是随着团体式输出模式的出现，人们更有利于将本地域传统文化流出，尽管在文化输出的过程中会遇到阻力，呈现力量减弱的态势。双向的文化交流一方面使得民俗得以随着人口流动而保持；另一方面，面对外界文化的介入，传统民俗也以开放的姿态接纳，实现了民俗的现代化转型。

2．实践资源的意义

（1）实践资源为大学生生命教育提供了体验生命整体性的平台。实践资源不仅涉及与学生教育生活息息相关的校内实践资源，同时也包含了围绕在日常生活中的社会资源，如传统节日、民风民俗等。这些实践资源不仅涉及生命教育的实践操作层面包括具体的礼仪、制度和行为方式等，从某种意义而言，传统节日、民俗等也涉及精神层面。

（2）实践资源为大学生生命教育提供了感受生命多元性的可能性。在大学生生命教育中，大量的社会实践资源实际上都是世界各国多民族文化的鲜明体现。这些实践资源的特色主要体现在以下方面：

第一，同一节日在不同地域或民族间具有多元性，人们根据自身生命体验赋予了节日独有的寓意和形式。例如，火把节是彝族、白族、纳西族、基诺族、拉祜族等民族的古老而重要的传统节日，有着深厚的民俗文化内涵，蜚声海内外，被称为东方的狂欢节。庆祝火把节最大的群体就是彝族，他们比较集中地生活在云南楚雄和西昌凉山彝族自治州。两地彝族火把节既具有祭奠火神的共同主题，表达了彝族人民对火神的赞颂，对光明、吉祥和幸福生活的向往，又因所处的地域不同，有着各自不同的内涵和表现形式。

第二，辽阔的中华大地上不同地域或民族具有自己独有的民族节日，并赋予了其独特的生命寓意。汉族的春节强调生命的更新，清明突出生命的传承，端午强调对生命的保健。傣族的泼水节是人们辞旧迎新的节日，在这三天的节日中，人们祈求丰收，将水撒进对方的脖子，祝福对方驱病除魔，来年身体健康。

（二）大学生生命教育的民俗资源

1. 传统节日中的大学生生命教育

传统节日是中国各民族人民在社会生活生产实践中逐渐形成的具有特殊含义的纪念性活动，这些与自然界季节更迭、祈求丰收、传统习俗等有密切关系的节日，是民族历史的活化石，是民族生活方式的集中体现，也是民族传统文化的生动展示。

2. 传统民俗中的大学生生命教育

在不同民族的历史中，文化、艺术等活动也以不同的形式表达着各自的生命内涵，展现出不同发展阶段的生命价值以及对生命的反思。文学、艺术等活动为人们敞开了古往今来人类的生命世界和精神世界，构成了生命教育研究的活水源头和坚实基础。中国古代传统生命理念是当今中国生命教育理论的根基，它决定着当代生命理论与实践的基本面貌，决定着生命理论与实践形态的建构，挖掘传统文化中的生命智慧，是生命教育在中国语境中的必然选择，并为中国生命教育的研究增添了厚度。

第二节 大学生诚信教育

诚信是中华民族的传统美德，是处理个人与社会、个人与个人之间相互关系的一项基本原则。“诚信价值观是社会主义核心价值观的个人层面追求，坚守和践行诚信价值观是大学生作为社会主义建设者和接班人的责任与担当”[①]。

一、大学生政治诚信教育

构建社会主义和谐社会是党在新的历史时期提出的战略任务，是党执政思想的升华和进步，是党对广大人民群众的庄严承诺，大学生是构建和谐社会的强大后备力量，其政治诚信状况关系到和谐社会的构建。当代大学生作为我国公民主体的重要组成部分，具有较高的文化素质和政治素质。虽然没有正式踏入社会，但已经是我国社会政治生活不可缺少的重要力量。提升大学生的政治素质、政治修养与培养大学生知识文化水平同样处于教育的战略地位，是大学生思想政治教育的重要方面。

（一）大学生政治诚信的特征

大学生政治诚信是一个系统概念，蕴含着丰富的内涵，具有明显的层次性。当代大学生政治诚信体现出新的时代特征，主要包括以下方面：

第一，时代性。不同政治历史发展阶段大学生有不同的政治诚信观，有不同的政治诚信要求。如今，大学生政治诚信着重体现在对我国基本路线、基本国策的认同和支持，体现在诚信参加学校内外各种政治活动。

第二，人格性诚信与制度性诚信的统一。从大学生政治诚信行为动机而言，

① 陈新颖．大学生诚信价值观涵育的心理学路径 [J]. 心理月刊，2022，17（5）：204.

大学生政治诚信不仅要求大学生具有良好的政治品德，而且还必须具备履行约定、遵守诺言的政治能力，具有一定的知识储备和政治素质等。良好的政治德行意味着具有履行约定、遵守诺言的主观意愿，而具备各方面的政治能力是实现政治诚信的客观条件，政治诚信必须是两者的结合。

（二）大学生政治诚信意识的培养

第一，认真参加思想政治学习，提升政治理论水平。参与思想政治理论课直接相关的研究性学习组织，能增强教育内容的时代性和针对性，切实提高大学生对国际国内形势发展趋势的把握能力，增强大学生对党和国家基本方针、政策的了解和认同。

第二，提升政治判断能力，树立坚定信念。大学生应该自觉践行社会主义核心价值体系，充分发挥中国特色社会主义共同理想的核心与主体作用，把共同理想融入个人政治行为中，把中国特色社会主义共同理想作为自身前行的向导，努力提高自身素质，实现自我政治价值。大学生作为未来社会建设的重要力量，更应该明白自己肩负的责任和使命，加强自身政治诚信教育，树立正确的世界观、人生观和价值观，提高辨别是非、善恶和美丑的能力。同时，还应积极走出校园，走向社会，通过课余时间或假期进行社会调查、志愿服务、社区咨询服务等，提高实际操作能力，在各种实践活动中提升自己的理性判断能力、政治参与能力。

二、大学生经济诚信教育

（一）大学生经济诚信的要求

“人无信不立，大到治国，小到做人，诚信始终是安身立命的根本。诚信作为市场经济正常运转的核心，其作用不可小视”[①]。经济诚信，作为社会诚

---

① 赵慧．市场经济视角下的大学生择业诚信缺失探析 [J]. 浙江青年专修学院学报，2012，30（2）：49.

信内容中的重要组成部分，与大学生的生活与学习息息相关。大学生的经济诚信就是在大学生的经济活动和经济关系中诚实守约、讲究信用的一种行为规范，包括大学生在参与经济活动时遵循法律规范和商品交换规则的诚信行为。为了强化大学生经济生活中的诚信意识，需要净化社会环境，营造诚信氛围，高校要坚持诚信教育，建立完善个人信用系统。另外，培养大学生自立自强意识也是大学生在经济生活中提高诚信度的重要举措。

经济诚信一方面要求经济主体在经济活动中以诚为本，另一方面要求经济主体在经济活动中讲求信用。经济主体的功利诉求不能损害国家利益和社会利益，应正确处理好局部与整体、个体与社会之间的关系，用正当的方式获取合法利益，使资源实现真正的优化配置，体现市场经济的“效率优先、兼顾公平”的原则。经济主体在经济活动中相互之间要诚信，保证市场经济的持续、健康、快速发展。

第一，大学生经济诚信教育要求以加强道德教育为核心。在经济社会快速发展的当今，仅仅掌握专业知识还远远不够，更需要注重培养学生的道德素养和诚信意识。在教育实践中，学校应该通过课程设置、教育活动等多种方式，注重向学生灌输诚实守信、守法经商的道德理念，强调诚信的重要性和不可替代性，让大学生明白只有诚实守信才能赢得他人的信任与尊重，从而培养他们健康的人格和正确的行为准则。

第二，大学生经济诚信教育要求突出知识教育与实践教育的结合。传授相关的经济知识，特别是涉及金融投资、税收法规等方面的知识，有助于学生建立正确的金融意识和法律意识。此外，组织实践教学、社会实践活动，让学生在实际操作中体会经济诚信的重要性，了解不诚信行为的危害和后果。通过理论与实践相结合的教学方式，可以更好地激发学生的学习兴趣，提高他们的学习积极性和参与度，从而使其真正掌握诚信的内涵和实践要求。

第三，大学生经济诚信教育要求注重开展实用性教育活动。针对大学生的实际需求和现实问题，学校应该积极组织开展一系列与经济诚信相关的讲座、讨论会、案例分析等实用性教育活动。通过邀请行业精英、知名学者等专业人士，为学生提供权威、实用的经济诚信教育，使学生能够从实践中学习，从案例中领悟，从经验中成长。此外，学校还可以建立相应的诚信教育平台，提供丰富的教育资源和学习资料，帮助学生更好地学习和掌握相关知识，提高他们的经济诚信意识和素养。

第四，大学生经济诚信教育要求强调全员参与，形成校园文化氛围。只有全体师生的共同参与和努力，才能形成浓厚的诚信教育氛围。学校可以通过开展丰富多彩的诚信教育活动，组织学生参与各类社会实践活动和志愿服务项目，引导他们在实践中培养诚信意识和责任感。同时，学校也应该加强师资队伍建设，提高教师的诚信意识和教育水平，使其成为学生的榜样和引路人，引导学生树立正确的价值观和行为准则。

（二）大学生经济诚信意识的培养

大学生经济诚信意识的培养是当前高等教育领域中备受关注的一个重要议题。在当今快速变化的经济环境下，大学生作为未来社会的中坚力量，其经济诚信意识的培养具有至关重要的意义。只有在深入理解和坚定信念的指引下，大学生才能树立正确的经济诚信观念，注重道德规范和法律法规，不断提升自身的诚信素养，为社会经济的健康发展做出积极的贡献。

第一，大学生经济诚信意识的培养需要通过系统的教育课程来实现。学校可以通过开设专门的经济诚信教育课程，系统地向学生传授相关的诚信知识和理念，这些课程可以涵盖经济伦理、法律法规、道德规范等多个方面内容，以帮助学生全面了解诚信的重要性和意义。此外，教育课程可以注重培养学生的分析思维能力和问题解决能力，通过案例分析和实际操作等方式，引导学生从实际情境中感知诚信的内涵，理解不诚信行为的危害和后果，进而自觉遵守诚信原则，树立正确的经济诚信观念。

第二，大学生经济诚信意识的培养需要注重校园文化建设。学校应该积极营造诚信文化的校园氛围，通过举办各类诚信教育活动、开展讲座和研讨会等形式，让学生在校园生活中处处感受到诚信的重要性。校园文化建设应该贯穿于日常教育教学的各个环节，通过校园文化建设，可以引导学生自觉遵守学术规范和道德规范，加强诚信意识的培养和内化，从而形成校园良好的风气和社会文明的根基。

第三，大学生经济诚信意识的培养还需要注重实践教育的引导。学校可以组织学生参与社会实践活动、实习实训等实践教育项目，让学生在实际操作中感受诚信的重要性和实践要求。通过实践教育的引导，学生可以深入了解经济活动中可能存在的诚信风险和挑战，培养他们的风险意识和防范意识，使他们在面压力时能够自觉抵制诱惑，坚守诚信原则，为个人和社会的可持续发展做出积极的贡献。

第四，大学生经济诚信意识的培养还需要注重引导学生积极参与诚信建设。学校可以通过成立诚信教育相关的社团组织或志愿者团队，鼓励学生参与各类诚信建设活动，让学生在实际参与中体会诚信的重要性和社会责任感。通过参与诚信建设，学生不仅可以提高自身的诚信意识和素养，还能够培养团队合作精神和社会责任感，为校园和社会的诚信建设贡献自己的力量。

三、大学生学习诚信教育

学习是个人成长的最重要的手段，每个人都是在与外界的交互体验中了解自己所不知道的知识，同时根据自己的成长体验，选择有用的知识来不断发展自我和完善自我。在一生中，个人无时无刻不在通过各种方式来学习。认识和克服自身存在的学习弱点，养成良好的学习心态，顺利完成学业，成为社会和国家需要的人才，是高校人才培养目标和大学生成长的共同需要。

（一）大学生学习的特征

在大学期间，大学生不仅掌握知识、技能和发展智力，而且逐渐形成世界观、道德品质和行为习惯。从学习方式而言，课堂讲授较少，自学时间大量增加，除了一、二年级的基础课课时多一些外，上课的时间将随着年级的升高而减少。从学习的内容而言，大学所设课程包括了公共基础课、专业基础课和专业课三个层次，每个层次又由许多门课程综合而成。而且部分院校打破了专业界限，允许学生在学好专业课的前提下选修其他专业课程，自由构建自己的知识结构。

1. 专业性特征

高等教育的培养目标是培养各级、各类社会需要的专门人才。因此，大学阶段的学习是学生由“求学型”向“成才型”“创造型”转变的阶段，也是学生由学校走向社会的最后阶段，这种阶段性的特征决定了高等教育是专业教育，具有高层次的职业定性。知识的专业性是指高校根据社会发展需要设定专业和培养目标，并以此来安排教学计划、课程和学时，在一定的时期内培养出一定的专业指向的人才，这种专业性不仅体现在大学的学科体系、课程结构、教学内容、教学实践和学习方式方法上，而且还体现在培养大学生的知识结构、智力结构、能力结构和心理品质结构“四大结构系统”中。

2. 多样性特征

高校拥有大型的图书馆，先进的多媒体教室与微机房，随手可得的网络，丰富多彩的实践课，优美而舒适的大学校园，为大学生提供了良好的学习场所和丰富的学习资源，使大学生的学习不仅仅局限于教室之内，教师不再是知识的中心。学习知识的多元化带来了学习方式的多样性。学生不再局限于教学计划所规定的范围，而是根据自己的兴趣爱好以及专业知识的需要，不断拓展交叉学科、前沿学科、边缘学科，提高自己实践和应用能力。另外，课外学习、课程设计、科研训练计划、学术报告会和学生团体活动等为大学生提供了广阔的道路。大学生学习的多样化有利于开拓视野、增强记忆力、提高学习效率和掌握更多的知识。

3. 自主性特征

大学阶段的学习是由被动性学习向主动性学习转变的阶段，在这一阶段中，学生必须学会学习，才能顺利适应大学的学习生活。学习的自主性就是大学生独立自主地进行学习，自觉地确定发展方向，制订学习计划，并采取有效措施加以实施。

（二）大学生学习诚信意识的培养

学习兴趣是驱使一个人学习的动力，学生要制定出一定的学习策略，提升摄取知识的能力和技能，要适时捕捉灵感，涵养自己的创造能力。讲究阅读策略，要突出主线，以问题作导向，合理采用全读、分读、精读、泛读、朗读和默读等获取知识的方式。“影响大学生诚信价值观教育的因素多种多样，作为教育主体的高校教师行为在很大程度上影响着大学生诚信价值观的教育效果”[①]。教师要教学生在学习中注重本学科发展的内核，通过学习、继承、批判，发展有价值的理念，吸纳各学科的新成就，并对各学科进行结合、交叉和应用。

四、大学生择业诚信教育

（一）大学生择业诚信的分析

大学生的择业诚信，是指大学生在制作简历、投递简历、参加面试、单位签约、履行协议等一系列求职过程中能够本着诚实守信的原则，诚实地向用人单位展现个人的学习成绩及实际能力，同时严格履行合约、践行合同。择业观不仅影响着大学生的职业理想、职业目标及实践等，更是对大学生在择业过程中是否遵守诚信选择、信守承诺等起着关键性的指导作用。对道德品质建设来说，大学生择业诚信是其重要的一个方面，大学生即将步入社会，参与市场活动，诚实守信作为大学生的通行证，将直接影响到社会整体道德素质的水平。大学生择业诚信直接关系到市场经济的道德秩序，以人为本，构建大学生择业诚信道德体系十分必要。因此，大学生择业诚信既是一个道德领域的问题，又是一种社会现象；既是高校予以关注的教育课题，又具有重要的经济学意义。

① 赵瑞杰．教师行为对大学生诚信价值观教育的影响与教育对策 [J]. 黑龙江高教研究，2018，36（6）：141.

（二）大学生择业诚信意识的培养

大学生择业诚信的培养是一项长期艰巨的任务，大学生诚信认知的提高、情操的陶冶、意志的锻炼，需要社会各方面的共同努力。只有这样才能不断提高诚信意识，主要包括以下方面：

1. 提高诚信意识，为成功就业作准备

择业是大学生与用人单位双方考查、评价的过程，择业成功是双方对评价结果予以认可的体现。择业成功需要多种条件，如大学生的思想品质、专业技能、综合素质。在择业过程中，用人单位，先接触到的是大学生的思想道德素质，集中表现在大学生择业的诚信态度上。大学生只有具备高度的诚信素质，在择业过程中表现出诚信态度和行为，才能使用人单位看到一个真实的求职者，才能客观地了解和把握大学生的全面状况和特长与弱点，从而决定取舍以及工作岗位分配。大学生就业的规范要求主要包括为以下方面：

（1）个人简历制作实事求是。简历是毕业生向用人单位提供自荐材料，让用人单位充分了解毕业生的基本素质和能力的主要载体，简历制作的好坏最终决定着用人单位是否给予毕业生面试机会。因此，大学生择业诚信首先要求大学生提供给用人单位的个人简历是实事求是的。具体要求就是在简历中客观真实地介绍自己的年龄、学习成绩、取得的各种资格证书、获奖情况、参加社会实践活动情况和任职经历等各种信息，这是大学生择业诚信最基本的要求。

（2）面试过程不妄言。面试环节是毕业生就业活动的中间环节，也是毕业生面对面地向用人单位展示自身能力和素质以及用人单位全方位了解毕业生能力和素质的环节。是决定毕业生择业成功与否的最关键环节。在面试过程中，大学生应做到不妄言，更不能说假话和谎话，这是面试环节的基本要求。

（3）不盲目签订就业协议，不随意毁约。签订并履行就业协议是毕业生就业活动的最后环节，是毕业生和用人单位基于对对方的充分了解和认同，在双向选择的基础上达成共识，确定录用与被录用关系的环节，这一环节是就业活动中最为严肃的环节，一旦签订协议就具有法律效力。因此，在这个环节中的诚信要求不仅是道德的，更是法律的，大学生在这个环节中必须严格要求自己，慎重签约，遵守和履行协议，不能随意毁约。

2．树立正确择业观，为职业发展奠定基础

大学生应树立正确的择业观，应注意遵循如下原则：

（1）符合社会需要的原则。符合社会需要的原则，是指一个人在择业时，把社会需要作为出发点和归宿，以社会对自己的需要为准绳去认识择业问题，进而决定自己的岗位。

第一，明确职业岗位的重要性和职业岗位工作的目的。社会分工所决定的职业岗位都是人们完成职业任务的具体位置，每个岗位上的工作都有特殊的社会意义和存在价值，大学生在择业时要以符合社会需要的原则为指导，到社会需要的岗位去扎实地工作。

第二，在择业时要把个人兴趣与社会实际需要统一起来。择业既要受社会需要的客观条件制约，又要受个人生理、政治思想觉悟以及受教育程度等因素的影响。因此，个人选择职业岗位的自由是相对的、有条件的，应建立对职业岗位的兴趣。

（2）发挥素质优势的原则。大学生在综合分析自己各方面素质的基础上正确把握自己的特长和优势来选择职业岗位，以利于在职业岗位上出色地完成本职工作，这就是发挥素质优势。其好处主要包括以下方面：

第一，有利于胜任工作。工作是实实在在的实践活动，实践的好坏与个人素质特点有直接的关系，根据自己的素质优势选择适合发挥自己素质优势的职业岗位，不仅能够人尽其才、才尽其用，而且能展现出诚信和负责的职业道德，出色地完成工作任务。

第二，有利于自身成长。大学生选择易于发挥素质优势的职业，就容易完成职业岗位上的任务，得到群众和社会的肯定，从而体验到满足感，创造工作业绩，并在完成任务的过程中提高技术能力、思想觉悟和认识水平，促进自身成长。

第三，有利于创造性劳动。根据素质优势选择岗位工作就会逐步形成一定的职业兴趣。职业兴趣就是坚信选择某种职业的正确性，并确立目标、克服困难、努力达到的意向。在择业时要坚持发挥素质优势原则，是因为它有利于做好工作、完成本职任务，有利于发明创造，有利于职业乃至事业，同时个人优势素质也可得到巩固、发展，使自己尽快成长。

第三节　大学生人格教育

一、大学生人格教育的原则

（一）现代创新原则

1. 现代创新原则的必要性

坚持以现代创新原则指导大学生和谐人格建构。我国现阶段正在大力推进中国特色社会主义现代化建设，而现代化建设显然离不开广大学生的热情参与，他们是未来社会改革与发展的中坚力量。社会主义现代化建设的顺利推进、全面小康社会的最终达成、社会主义和谐社会的成功构建，不可能缺少学生的积极贡献和主动参与。而积极参与现代化建设事业的大学生，必须是富有创新精神的大学生，同时必须是人格和谐的骨干力量。把现代创新与和谐精神结合起来建构大学生和谐人格，是理论的诉求、时代的呼唤和实践的需要。

（1）改革开放和现代化建设的崭新时代，要求人们不仅应当客观理性地认识到现代化的根本是人格的现代化，人格的现代化是现代化建设的重要动力及最终价值取向，同时还必须清醒地意识到和谐人格是人格现代化的重要特征之一，没有和谐人格的人格现代化必将失去其应有的人本价值，而表现为现代化发展的不完整、不成功。科技进步、日新月异的时代发展呼唤培养具有改革创新精神，同时具有和谐自由发展人格的学生。

（2）推进社会主义现代化建设和实现民族复兴的伟大实践，客观上需要学生和谐人格建构必须高度重视现代创新品质的培养。现代化要创新，和谐要创新，两者在创新要求和个体人格品性上有共同的价值基点。伟大的奋斗目标需要和谐的人格主体来推动实现，而和谐的人格主体倘若没有明确伟大目标的光辉指引，就会迷失前进的方向，失去存在的价值期待与生命意义。

2. 现代创新原则的意义

（1）回应理论应然诉求，顺应现代精神气质，建构大学生和谐人格。具备开放创新的理论视野和现代心理品质、现代精神气质是现代社会对个体谋求良性生存与健康发展的基本要求和必要素质。现代化的关键是人的现代化，人的现代化的关键是人格的现代化，人格现代化的核心指标在于心理品质、精神气质的现代化。因此建构具有现代精神气质的和谐人格对于学生的重要意义不言而喻。

（2）自主建构符合改革时代精神的创新人格。创新是事物发展的良性向上动力，是国家富强和民族振兴的重要源泉和不竭动力。创新是民族进步的灵魂以及国家发展进步的动力，创新人格的建构对于大学生具有举足轻重的意义。

（3）自觉地在实践层面将现代人格、创新人格与追求自身个性和谐、国家与社会和谐有机结合，以实现自身价值并贡献社会才智作为从事科学事业、服务社会等行业的根本价值指针。在科学上没有平坦的大道可走，只有不辞劳苦、不懈奋斗、锐意创新、追求卓越的人才有可能达到光辉的顶点。因此，大学生应当使之为社会谋福利，追求和谐的人生目标以及反对战争，从而为实现和谐安宁的人类美好世界而奋斗终生。

（二）分类指导原则

分类指导原则，也称分层分类原则。个体人格发展呈现差异，这是人类社会发展进程中所不可规避的客观事实。大学生群体是一个来自不同经济社会发展区域和层次水平的人群，各地经济社会发展不平衡，各地的风俗习惯、教育背景、文化氛围等都在客观上存在明显差异，即使是来自同一生源地的学生也可能会因为年龄、性别、社会认知、生活阅历、志趣情操、学习动机与目的、价值取向和人生理想等层面的不同而表现出人格发展的很大差异。每一个具体事物其实都是一种矛盾特殊性的展现，而人们分析和解决涉及该事物问题时的关键就要首先寻找到这个事物所内蕴的特殊矛盾以及矛盾的特殊方面，以此作为行动的向导。因此，建构大学生和谐人格的基层理论与实践工作者如辅导员、班主任等，应当自觉地运用分层分类原则开展工作，譬如可以按照不同区域、不同年龄段、不同生源地、不同家庭背景、不同志趣爱好等层面组织和引导大学生和谐人格建构工作。

换言之，分层分类原则即是指在树立和践行以人为本原则的基础上，尚有一项更加微观的工作要做，就是要在以人为本基本原则的基础上，对大学生群体进行分门别类的指导，以使大学生群体中的不同类别获得不同的人格认知与建构方案。

（三）和谐交往原则

和谐的人际交往，既是大学生自身成长的需要，又是衡量其人格发展是否健康和谐的重要尺度。建立良好有效的人际关系是包括大学生在内的人们保持心理健康的有效途径。对生活和工作于高校校园的大学生们来说，人际交往对于其建构和谐人格无疑具有十分重要的实践价值。

1. 新型师生关系

师生之间需要努力构建起一种民主、平等、和谐、合作以及互动的新型师生关系。

（1）教师方面，主要包括以下方面：

第一，教师要做到尊重学生，包括：摆正师生的位置，平等地去看待学生，尊重学生，敢于在学生面前袒露与承认不足，用一种民主的作风去让学生放言，树立一种互为师长的理念。

第二，理解学生，包括容纳与自己不同的见解、思想与情感，用海纳百川的胸襟来接纳所有的学生，在学生产生某种需要、情感冲突及困惑时做出更深人的、自发的反应，用换位意识去设身处地想学生或处在学生的地位想自己。

第三，与学生和谐相处，包括不以个人的权威或职业地位做掩护，不持居高临下盛气凌人的态度，积极相待，和谐交流。

（2）学生方面。对于学生而言，要与教师进行和谐交往则必须具备的要素包括：①有积极向上、不断进取的人生态度；②有大胆质疑、开拓进取的创新精神；③具备相互理解、相互尊重的平等意识。在师生各自具有一些和谐交往人格要素的基础上，师生之间还需要通过实际地践行自尊自爱、自我展示、自我评价以及自我完善等和谐人格发展路径，在互动中不断地消除人格障碍，并不断地健全人格，发挥优秀品质，和谐发展。

2．和谐的人际交往

作为教育者，应当顺应大学生与朋友交往的需要，鼓励大学生开展积极有益的和谐人际交往，通过和谐的人际交往达到沟通感情、交流信息、互促并进的目的，这对于大学生们在经受社会化的过程中顺利完成社会化，宣泄偶尔产生的悲观压抑等负性情绪，排解内心孤独与寂寞，保持对生活的积极乐观态度以及和悦上进的心态必将助益良多。为了提高和谐交往的人际关系能力，大学生应做到：①主动克服自我中心化倾向；②主动参与集体活动，在特定情境中辨别、体验、理解和感受他人情感，与班级其他成员建立起和谐的人际交往关系；③学会以分享、合作、谦让和礼仪的方式与同伴和谐相处，面对一些荣誉、利益要懂得分享与合作，做到谦让和礼仪，更加容易建构起和谐的人际交往关系。

二、大学生人格教育之“三全”育人

建构大学生和谐人格，需要建立健全必要的体制机制。为了更加有力有效地建构大学生和谐人格，高校应充分认识和正确发挥有关机制在建构大学生和谐人格方面应起的重要作用，努力建立健全有利于大学生和谐人格建构的若干机制。简言之，高等学校作为在校大学生学习生活的重要场所，其人格建构的和谐与否，不仅从静态意义上看是与高校能否营造一个和谐宁静的人文环境和文化氛围紧密相连，而且从动态管理层面上讲也是与高校是否能建立健全相关的和谐人格育人机制密切相关。

"三全"育人是"高校落实立德树人根本任务、提升人才培养质量的必然要求"[①]，指加强针对大学生进行"全员""全面""全程"的和谐人格培育和管理的运行机制。因此，高校要切实建立健全各种体制机制，努力为建构大学生和谐人格提供体制机制保障，主要包括以下方面：

（一）"全员"育人

"全员"是指全体教职员工，应充分调动各自的积极性、发挥能动性，在建构大学生和谐人格的问题上要从思想观念上统一到"人人有责，分工明确，合力配合"的认识上来。例如，建立以领导干部为主的决策队伍、以政教处政教员为主的常规检查、评价队伍、以生活指导老师为主的日常生活指导、监督和评价队伍、以家长为主的社会监督和评价队伍、以学生为主体的"自我管理、自我服务，自我教育、自我完善，相互监督、主体评价"队伍的全员育人管理的设想并付诸实践，已经取得了较为良好的效果，这些做法是值得借鉴的。

（二）"全面"育人

"全面"育人主要包括以下方面：

第一，时间维度的"全面"，相当于"全程"，即全过程，不仅要注重大学生活阶段的全部完整过程，而且应当包括大学阶段与工作阶段的衔接过程。

第二，空间意义上的"全面"，相当于"全方位"，就是大学生作为一个社会关系的存在物与周围相关的人和事交织起来所构成的人际关系空间，包括校园生活中的日常活动空间，如教室、公寓、食堂以及公共体育活动场所、图书馆等，也包括了课堂教学空间、家庭生活空间以及校园生活外的社会活动空间。在这些全方位的人际关系中，高校应尽可能创造条件进行和谐人格宣传教育和规范引导，如在教室、公共体育场所、图书馆、公寓、食堂等重要场所张

① 杨洋．构建高校"三全育人"长效机制研究 [J]. 林区教学，2022（9）：9.

贴宣传文明标语，以力求达到在潜移默化中弘扬真善美、传递“正能量”。高校还应在家校联系方面主动与家长建立正常畅通的对话机制，如每一学期开展一封家书征文评选活动，实现电话家访的制度化和常态化。

第三，内容意义上的“全面”，是指要从大学生的身心、智慧、道德、审美等多个方面的内容同时展开，以促进那些需要帮助的大学生尽量快地实现身心、智慧、道德、审美等人格发展维度的纠偏，力促其尽快恢复到和谐圆满的境界。

（三）“全程”育人

“全程”是指要坚持系统过程论的方法把大学生和谐人格培养工作抓紧抓好抓出成效。大学生和谐人格建构是一个系统工程，要落实和谐人格建构的各项任务，达到预期目标，就必须在整个大学阶段的每一个时段贯彻落实“和谐”，由此要求高校全体师生员工，从新生入学教育开始，加强大学生行为养成意识的教育，加强针对大学生行为养成的实践训练和具体指导，做到以实际行动关心和促成大学生和谐人格养成。只有在大学生活中，大学生才能更加完整、理性地实现和体验到真正意义上的“成人”与“独立”，以至于较为完美地实现“成人”意义上的“和谐”。

作为正在走向成熟而又并未完全成熟的大学生，他们无论是从主观诉求还是在客观需要方面都需要负责任、敢担当的教育者或者教育机构对他们付诸爱心与责任，进行全过程即富有相对完整生命历程意义的人文关怀和教育引导，以使他们得以养成良好行为习惯，培养健全和谐人格。大学生作为学生的身心、智慧、道德、审美人格相对于其他学生而言已经有了较大的区别，具有了相对独立的性质、相对较高的层次以及相对较严格的社会化要求，他们的和谐更具有了人类学意义上的真切“和谐”意味，而相对去除了纯粹假想和被保护的“被和谐”意味。因此，针对大学生和谐人格建构的全程，应更加具有“社会化”的性质，主要针对大学生的理性人生规划、和谐人格认知与处理、大学阶段可能面对的各种困惑，如学业、婚恋和职业生涯设计等方面的现实问题进行展开。

第三章

大学生教育方法分析

第一节　大学生教育中的情境教学方法

情境教学法是指在教学过程中，教师有目的地引入或创设具有一定情绪色彩的、以形象为主体的生动具体的场景，以引起学生一定的态度体验，从而帮助学生理解教材，并使学生的心理机能能得到发展的教学方法。情境教学法的核心在于唤起学生的情感共鸣，这一教育策略强调将学习融入具体情境中，以促进学生将理论知识应用于实际情境，提高他们的问题解决和综合应用能力。在高等教育领域，情境教学方法广泛应用，包括各种教学形式。以下将深入探讨情境教学方法的多种形式，包括问题解决情境、角色扮演、项目导向学习、实习和实践、案例研究、实验和模拟以及实地考察。通过对每种方法的分析，旨在为教育者提供更多有关如何有效采用情境教学方法的见解。

一、问题解决情境

问题解决情境教学是情境教学方法的核心之一，它通过提供具体问题或挑战，要求学生在特定情境下运用他们在课堂上学到的知识和技能来解决问题，这一方法的主要目标是培养学生的解决问题的能力，为他们提供机会积极参与并应用所学。问题解决情境教学有多种方式，如案例分析、模拟游戏和团队挑战等，这些方法都有助于将学生从传统的知识接受者转变为积极的问题解决者。

在问题解决情境中，学生通常需要分析情境，确定问题的关键因素，制定解决方案，并最终评估解决方案的有效性。这种过程不仅要求学生运用他们在课堂上学到的理论知识，还要求他们具有独立思考、团队合作和沟通能力。因此，问题解决情境教学方法不仅有助于学术知识的应用，还培养了学生的综合素质。

问题解决情境的一个重要特点是其跨学科性。无论学生的专业领域是什么，他们都可以从问题解决情境中受益。例如，一个商学院的学生可以通过参与模拟企业管理问题的解决来提高他们的管理技能，而一个生物学专业的学生可以通过参与生态系统的保护挑战来深化他们的生态学知识。这种跨学科的特点使问题解决情境方法成为一种广泛适用于不同学科领域的教育策略。此外，问题解决情境方法还能够提高学生的自主学习能力。在解决问题的过程中，学生需要主动查找和整理信息，积极思考解决方案，并不断反馈和改进他们的方法。这种主动性和自主性的学习过程有助于培养学生的学习动力和自我管理能力。

二、角色扮演

角色扮演是情境教学方法的另一种重要形式，它通过为学生分配特定的角色，要求他们在模拟的情境中扮演这些角色，以实际体验与所学相关的情境。这种方法模拟了现实生活中的情境，为学生提供了与课程内容亲密相关的体验。在大学教育中，角色扮演可以应用于多个领域，包括法学、商业、医学和社会科学等。例如，在这种情境中，学生扮演律师、证人等不同的角色，参与模拟的法庭程序。他们需要运用法律知识、法律程序和辩论技巧来解决一个特定的法律案件，这种模拟法庭经验不仅使学生更好地理解法律系统的运作，还培养了他们的辩论和分析技能。

角色扮演还可以应用于商业谈判情境。学生可以被要求扮演商业谈判中的不同方，如买方和卖方，以模拟商业合同的谈判过程，这种实际经验有助于学生理解商业谈判的复杂性，培养了他们的谈判技巧和解决问题的能力。

在医学领域，角色扮演可以用于模拟医疗急救情境。学生可以扮演医生、护士或急救人员的角色，参与模拟的急救情境。这种经验使他们能够应对紧急情况，提高了他们的急救技能和协作能力。

角色扮演的优势就是它能够将抽象的理论知识转化为具体的行动。通过亲身体验模拟情境，学生更容易理解和记住所学的内容。此外，角色扮演还促进了学生的情感参与，增强了他们对学习的兴趣。

三、项目导向学习

项目导向学习是情境教学方法的一种形式，它要求学生在小组或个人的基础上制定和执行项目，这些项目可以基于课程内容，也可以是解决社会问题的项目。项目导向学习鼓励学生积极参与学习过程，自主规划和管理项目，以及实际应用所学知识和技能。

项目导向学习方法的一个关键特点是学生的自主性。他们需要选择项目主题、制定计划、收集资源、执行任务，并最终呈现成果。这种自主性激发了学生的自主学习和创造力。项目导向学习也培养了学生的时间管理和团队合作能力，因为许多项目需要在团队中完成。

项目导向学习的应用领域广泛，从科学研究到社会科学调查，再到创业计划和公益项目，都可以采用这一方法。在科学和工程领域，学生可以开展实验研究项目，验证理论概念，并深入了解实际应用。在社会科学领域，学生可以进行调查研究，分析社会问题，并提出解决方案。在创业教育中，学生可以制定创业计划并尝试将其实施。此外，公益项目也是项目导向学习的重要应用领域，学生可以参与社区服务和慈善活动，为社会做出积极贡献。

项目导向学习的一个重要优势是它将学生置于真实世界的情境中，让他们直接应用所学知识和技能。这种实际应用有助于学生将理论联系到实践，增强了他们的问题解决和创新能力。此外，项目导向学习还培养了学生的批判性思维和沟通技能，因为他们需要清晰地表达他们的项目目标和成果。

四、实习和实践

实习和实践是一种直接将学生带入真实工作或实习机会的情境教学方法，这种方法为学生提供了在实际工作环境中应用所学知识和技能的机会，为他们提供了宝贵的职业经验。实习通常是大学教育的一部分，但实践也可以在学习过程中积极推动。

在实习和实践中，学生可以在专业领域的公司、机构或实验室中工作。他们将面临与所学相关的挑战和任务，需要运用他们的知识来解决问题。这种实际经验不仅帮助学生将理论知识转化为实际技能，还为他们提供了了解自己所选择职业领域的机会。

实习和实践的一个关键优势是它将学生置于真实世界的情境中，使他们能够直接应用所学知识。这种实际应用有助于学生加深对所学领域的理解，增强了他们的问题解决和决策能力。此外，实习和实践还有助于学生建立职业网络，了解职业领域的最新趋势，以及确定自己的职业兴趣。

尽管实习和实践方法的优势显而易见，但也存在一些挑战。例如，学生可能面临实际工作环境的压力和挑战，需要适应新的团队和组织文化。此外，一些学生可能很难找到符合他们兴趣和专业的实习机会。因此，教育机构和雇主需要合作，以提供更多的实习和实践机会，以支持学生的职业发展。

五、案例研究

案例研究是一种情境教学方法，通过分析真实或虚构的案例，将课堂理论应用到具体情景中。这种方法在商业、医疗、法律、教育等领域广泛应用，有助于学生理解和解决实际问题。

在案例研究中，学生通常需要分析一个案例，识别问题，制定解决方案，并进行讨论和辩论。案例通常包括真实世界中的挑战和决策，因此学生需要运用他们在课堂上学到的理论知识来解决这些挑战。案例研究方法鼓励学生积极参与，可以促进他们的批判性思维和问题解决能力。

案例研究的一个关键优势是它能够将抽象的理论知识具体化。通过分析案例，学生可以看到理论知识如何应用于实际情境中，这有助于加深他们对所学内容的理解，并提高他们的应用能力。此外，案例研究还培养了学生的团队合作和沟通能力。许多案例研究是在小组中完成的，学生需要共同制定解决方案，并就其有效性进行讨论，这促进了学生之间的合作和交流，有助于他们发展团队合作技能。

案例研究方法还有助于培养学生的批判性思维和决策能力。在分析案例时，学生需要考虑不同的观点和解决方案，评估其优劣之处，并最终提出建议。这种批判性思维和决策能力在现实生活中的各种情境中都非常有价值。

六、实验和模拟

实验和模拟是一种在科学和工程等领域中非常重要的情境教学方法。通过实验和模拟，学生可以验证理论概念，加深对实际现象的理解，并掌握实验方法和仪器操作。

在科学领域，实验是一种用来测试假设和理论的方法。学生可以设计和执行实验，记录数据，分析结果，从而验证或否定他们的假设。实验不仅有助于学生深入了解科学原理，还培养了他们的实验设计和数据分析能力。模拟是另一种情境教学方法，通过使用模型或计算机程序来模拟实际现象。在工程领域，学生可以使用计算机模拟软件来设计和测试新产品，而不必实际制造原型。这种方法节省时间和资源，同时也有助于学生掌握现代工程工具和技术。

实验和模拟的一个关键优势是它们能够将学生置于实验和研究的前沿。学生有机会参与真实的科学研究项目，或使用最新的工程技术进行模拟。这种实际经验有助于学生了解行业的最新发展趋势，为未来职业做好准备。此外，实验和模拟还有助于学生发展实验室安全和研究伦理的意识。他们需要遵守实验室安全规定，并考虑研究项目的伦理和社会影响。这有助于培养学生的责任感和专业道德。

七、场地考察

场地考察是将学生带到实际场地，例如工厂、实验室、历史遗迹、自然保护区等，以让他们直接观察和体验相关情境的教学方法。这种方法为学生提供了实地学习的机会，使他们能够亲自了解特定领域的工作流程和环境。在工程领域，学生可以参观工厂或实验室，了解先进的生产工艺和实验设备，这有助于他们将理论知识与实际工程应用联系起来，并获得行业洞察。在历史或文化研究中，学生可以参观历史遗迹或博物馆，了解特定时期的文化和历史事件。在环境科学领域，学生可以前往自然保护区，研究生态系统和野生动植物。

场地考察的一个重要优势是它将学生置于实际情境中，使他们能够直接观察和体验所学的内容，这种实地学习有助于加深学生对特定领域的理解，同时也提供了与专业人员互动的机会，学生可以向他们提问并获取实际建议。此外，场地考察还有助于培养学生的观察和研究技能。他们需要仔细观察场地，并记录相关信息。这种观察和研究的技能在许多学科中都非常重要，包括地质学、生物学、社会科学等。

第二节　大学生教育中的自主学习方法

大学生教育中的自主学习方法对于学生的学术和职业成功至关重要。当大学生能够积极地主导自己的学习过程，他们更有可能充分发挥自己的潜力，提高学术成绩，并为未来的职业生涯打下坚实的基础。以下深入探讨自主学习的重要性，并提供一系列有助于提高自主学习技能的方法。

一、大学生教育中自主学习的重要性

自主学习是指学生能够主动、自发地管理和组织自己的学习过程。自主学习不仅仅是一种学术技能，更是一种生活技能，它有助于培养学生的自律性、创造力、批判性思维和问题解决能力。自主学习对学术和职业成功的重要性包括：

第一，提高学术成绩。自主学习使学生更加积极主动地投入学习，制定学习计划，明确学习目标，并采用有效的学习方法，这有助于提高他们的学术成绩，更好地理解和掌握课程内容。

第二，培养自律性。自主学习需要学生自己管理时间和资源，这培养了他们的自律性。自律性是一种重要的职业技能，有助于在工作中更好地管理任务和达到目标。

第三，适应未来的职业挑战。在职场中，自主学习能力对于不断适应变化的环境至关重要。员工需要。不断学习新知识和技能，以应对不断变化的职业要求。

第四，增强自信心。通过自主学习，学生能够更好地理解自己的学术能力和局限性，从而提高自信心，这种自信心对于职业成功和自我实现至关重要。

第五，培养批判性思维。自主学习要求学生主动思考、提出问题和分析信息，这有助于培养批判性思维能力，使他们能够更好地解决问题和做出明智的决策。

二、大学生教育中提升自主学习技能的方法

第一，制定学习计划。学习计划是自主学习的基石。制定每学期和每周的学习计划，包括课程时间表、作业和考试日期，有助于组织学习时间并确保不会错过重要的截止日期。这帮助学生规划学习进程，提前做好准备。

第二，目标设定。为每门课程和学期末设定明确的学习目标。这有助于学生保持动力和集中注意力，以实现学术成功。明确的目标可以作为前进的动力

和衡量学习进展的标准。

第三，主动参与课堂。在课堂上积极参与，提出问题，与教授和同学互动。主动参与有助于加深理解并提高学术成绩。与教授和同学的互动也有助于扩大知识领域，开拓思维。

第四，有效笔记和阅读。学会制作有效的笔记，整理课堂材料，并提高阅读理解能力。这将有助于更好地理解和记忆课程内容。有效的笔记和阅读技巧可以使学习更高效。

第五，制定学习时间表。划分学习时间，包括固定的学习时间和休息时间。避免拖延和分散注意力，集中精力学习。有效的时间管理有助于提高学习效率。

第六，创造适宜的学习环境。设立一个安静、整洁、无干扰的学习环境。确保有足够的学习材料和工具，以提高效率。学习环境的质量对于学习效果有着重要的影响。

第七，多样化学习方法。尝试不同的学习方法，如阅读、听讲座、讨论、参与小组学习等，以找到最适合自己的学习方式。不同的学科和主题可能需要不同的学习方法，因此多样化学习方法有助于适应不同的学习需求。

第八，制定学习材料。制作自己的学习材料，如复习笔记、概要等，这有助于巩固知识，使学生能够更好地回顾和复习。自制的学习材料更贴近学生的需求和理解。

第九，寻求帮助。如果遇到困难或疑惑，不要犹豫寻求教授、同学或学术顾问的帮助。合理利用学术支持资源可以帮助学生克服困难，填补知识漏洞。

第十，自我评估。定期检查自己的学习进度，评估是否达到了设定的目标。根据评估结果进行必要的调整。自我评估有助于监督学习进展，及时纠正错误和不足。

第十一，时间管理技巧。学会有效的时间管理技巧，包括设定优先级、避免分心、设定截止日期等。良好的时间管理有助于合理分配时间，提高学习效率。

第十二，持续学习。自主学习不仅限于课堂，还包括终身学习。保持好奇心，持续学习新知识和技能。终身学习是应对职业挑战的关键，它有助于保持竞争力。

第三节　大学生教育的引导式教学方法

大学生教育是培养未来社会和职场领袖的重要环节，而引导式教学方法是现代教育的一种重要范式，这种教学方式强调学生主动参与学习过程，将教师定位为引导者和激发者，以培养学生的批判性思维、问题解决能力和自主学习技能为目标。以下探讨大学生引导式教学方法，从激发兴趣到持续反思与改进，深入剖析这一教学方式的重要性和实施方式。

第一，激发兴趣。引导式教学的第一原则是激发学生的兴趣。激发学生的好奇心和学习动力是引导式教学的出发点。教师可以通过选择有趣的话题、问题或案例来吸引学生的注意。在课堂上，教师可以采用启发性的教学方法，例如故事叙述、视觉展示或真实世界的案例分析，以引起学生的兴趣。通过引入引人入胜的材料，教师可以激发学生的好奇心，使他们更愿意积极参与学习。

第二，提出问题。引导式教学强调提出问题，鼓励学生思考、讨论和研究问题的答案，这一原则有助于培养学生的批判性思维和分析能力。教师应该提出引导性问题，以引导学生的思考，而不是简单地提供答案。这种问题可以涵盖课程内容，也可以与学生的实际经验和兴趣相关。通过向学生提出挑战性问题，教师可以激发他们的思考，促使他们主动寻找答案。

第三，自主学习。自主学习是引导式教学的关键原则之一。这意味着鼓励学生独立进行研究和学习，而不是仅仅依赖教师传授的知识。教师的角色是为学生提供资源和指导，帮助他们选择学习的路径和方法。学生可以自主选择阅读材料、研究课题、制定学习计划，从而培养他们的自主学习技能。这有助于学生在面对新的挑战和问题时更有信心，因为他们已经学会了自主学习的方法。

第四，小组讨论和合作。引导式教学鼓励学生在小组中合作讨论，分享观点和经验，这有助于促进学生之间的互动和协作，丰富他们的学习经验。小组讨论可以激发学生的创造性思维，让他们从不同的角度思考问题。此外，学生可以相互学习，互相支持，提高彼此的学术成就。小组合作还可以模拟现实世界中的工作环境，培养学生的团队合作能力。

第五，反馈和指导。为学生提供及时的反馈是引导式教学的重要组成部分。反馈可以帮助学生了解他们的强项和改进的方向。教师应该定期检查学生的学术工作，提供建议和指导，帮助他们改进和完善他们的作品。这可以包括写作、研究项目或其他学术任务。通过反馈，学生可以逐渐提高他们的技能，提高他们的学术表现。

第六，多样化的评估方法。引导式教学强调使用多种评估方法来评估学生的能力和知识，这包括项目、报告、展示和小组讨论等多种方式。多样化的评估方法可以更全面地了解学生的学术表现，因为不同的学生可能在不同类型的任务中表现出色。此外，多样化的评估方法还可以鼓励学生采用不同的学习方法，从而培养他们的综合技能。

第七，课程个性化。引导式教学尊重每个学生的学习风格和节奏，为他们提供个性化的学习支持和建议。这意味着教师应该了解每位学生的需求和目标，根据个体差异来制定教学计划。个性化教育可以提高学生的学术成就，因为他们感到自己的学习需求得到了重视，他们的学习方式得到了支持。

第八，提供资源。为学生提供学习资源是引导式教学的一项重要任务。这包括文献、研究材料和工具，以便他们能够自主学习。教师可以引导学生如何查找和评估可靠的信息源，培养他们的信息素养。此外，教师还可以提供学术支持和指导，帮助学生充分利用这些资源。

第九，激发创新。引导式教学鼓励学生思考创新性的解决方案，挑战传统思维，培养创新能力。教师可以鼓励学生提出新的观点和思考方式，激发他们的创造性思维。通过提供创新性的项目和任务，教师可以激发学生的创造力，培养他们的创新潜力。

第十，持续反思和改进。引导式教学要求教师不断反思自己的教学方法，以满足学生的需求和不断变化的学习环境。教师应该定期评估自己的教学实践，了解哪些方法有效，哪些需要改进。他们还可以从同事和学生的反馈中获取宝贵的信息，以改善自己的教学。持续反思和改进是引导式教学的关键，有助于保持教学的活力和有效性。

第四章

大学生教育管理取向及功能探索

第一节　大学生教育管理的取向分析

一、大学生教育管理的专业化取向

（一）大学生教育管理专业化发展的重要性

“高校教育是国家人才培养的重要行业，为社会各行各业的发展培养了专门的人才，是国家发展的主要推动者”[①]。任何一个行业的发展，都是从不成熟到成熟再到专业化的过程，每一种行业分工最终的发展趋势都是具体化、专业化。首先，职业专业化的发展是关键。学生教育管理的专业化将其定位为一门独立的学科，类似于会计、法律和金融等领域，具有更高程度的专业性。从业者应该具备与其他专业领域从业者一样的专业知识和素养，以培养出本领域的专业人才。这不仅对从业者自身的职业发展至关重要，也对整个领域的进步产生深远影响。目前，我国的学生教育管理工作涉及管理者与学生之间的互动，强调双方的合作。学生处于服务的主体地位，拥有主动性。为满足新一代大学生的管理需求，学生教育管理者必须具备对现代大学生心理特点的了解，运用

① 奉中华，张巍，仲心．大学生教育管理的创新与实践研究 [M]. 长春：吉林人民出版社，2021：6.

专业知识和理论，采取专业的管理方法，以优质的方式进行学生教育管理。其次，培养强调实践和业务的职业素养至关重要。学生教育管理工作人员不仅需具备教育学、管理学、心理学等学科理论知识，还需要积极参与社会实践、日常学生工作、学生心理健康工作、学生学习生涯规划、专业研讨会组织以及学生活动策划等领域的实际工作，并展示强烈的业务素养。

（二）大学生教育管理工作专业化理念的建立

随着高校教育改革的深化，高校内部管理进行着根本上的更新和变革，大学生教育管理工作已经呈现出专业化的发展趋势。职业经过分化和发展，必然形成专业，从而形成强调专业知识和技能的职业。

第一，职业分类的角度。专业是指群体经过专门的教育、学习和训练，具有高深的、独特的专门知识和技术，按照一定标准进行职业活动，从而解决人生和社会问题，促进社会进步并获得相应报酬待遇和社会地位的专门职业。可以说，现如今大学生教育管理工作已符合职业专业化的标准。

第二，社会的角度。现在学校管理学知识体系日益完善，在国内的高等院校的教育学院都有教授教育管理学的内容，在一些高校管理中已经有自己特定的管理方式和技术形成。另外，在高校内部对学生教育管理工作从业人员的知识技能已经有了一定的要求和标准，高校越来越重视学生教育管理工作从业人员的业务培训。而且，从社会角度来看，高校管理职业在社会中已经作为一个职业阶层存在了。

第三，专业发展的维度。作为高校教育管理专业人员，获得系统而明确的专业理论知识是专业发展的又一重要维度。高校管理的教育性、综合性与复杂性要求管理工作者更应具有符合教育者、领导者和管理者角色要求的知识结构。专业伦理是学生教育管理工作专业最根本、最直接的体现，它包括从业者的职业道德、行为规范以及学生教育管理工作者的专业态度和动机，而专业态度和动机又是专业特征形成和发展的动力和基础。自我专业发展意识是保证学生教育管理工作者不断自觉地促进自我专业发展的内在主观动力。

二、大学生教育管理的人本化取向

大学生教育管理工作的本质应当注重以学生为中心的理念。教育的演进和管理制度的构建应始终将学生的根本利益和全面发展置于首要位置，将以人为本的科学发展观有机地融入教育管理实践中。鉴于目前大学生教育管理制度存在人本化不足的问题，首要举措在于构建以人性为核心的制度。以促进学生全面成长为出发点，坚定坚持“以生为本”的信念，授予学生应有的权利，建立灵活的管理机制，加强大学生教育管理的人本取向，以满足现代大学生教育管理制度的需求，并纠正制度中的不足之处。

（一）坚持“以生为本”的管理理念

坚持以学生为中心的管理理念，在现代高校教育中，实现学生的全面发展已成为首要目标，因此，构建以人为本的教育管理体系被视为一种创新探索，以适应不断变化的学生心理和行为特点，同时为有效的大学生教育管理提供基础和途径。以学生为本的理念，是人本化管理思想的核心，其基本原则是以满足学生需求为导向，推动学生发展，确保学生的个人价值得以实现，这一理念的核心理解是将满足学生需求置于学生工作的核心位置，确保学生的培养始终是高校工作的首要任务。此外，它还强调要尊重学生的主体地位，并在管理中赋予学生更多的自主权，以便他们能够自我教育。最重要的是，它要求高校将学生的高素质培养和所获荣誉视为最大的成功之一。在教育不断发展和管理制度改革的背景下，大学生教育管理的首要任务是将学生的根本利益和发展置于首位，将以人为本的科学发展观融入实际的教育管理实践中，具体如下：

第一，要坚定奉行“以学生为核心”的原则，建立“学生中心”思维。高等教育机构往往将学生教育管理视为其整体工作的一部分，主要从学校的角度来评估管理工作的成功，而忽略了学生主体的需求。这种做法限制了学生的自我认知、独立性以及主动性。在“以学生为核心”的管理理念下，学生教育管理人员应摒弃传统的“以教师为中心”或“以学校为中心”的管理观念，更深刻地理解自己的身份，以及管理的目标和对象，即学生这一核心群体的需求。我们应当根据学生的特点，尊重他们的权利，特别是在保障学生的合法权益方面，不能为了过分的集体主义而忽视个体学生的合法权益。应当加强对每位学生的个性化关注，以促使他们实现全面和个性化的可持续发展，以满足国家和学校的培养目标与学生的成长需求的有机统一。

第二，坚持“以学生为核心”，强调管理服务。现代高等教育管理理念普遍认为，学生教育管理实际上是为了促进学生的成长和发展而提供服务。高校应该将学生需要的管理视为一种服务，而不是将管理视为一种对学生的支配。这种服务型管理将学生的管理、教育和服务有机结合，尤其要强调服务于学生的理念。在建立管理制度、规章和规定方面，管理者应当清晰地认识自己的角色，树立服务型管理的意识。这需要根本性地改变以往过于强调学生对整个社会的义务的做法，使学生的主体价值能够充分满足他们的生活和发展需求，以促进个人价值和集体价值的有机统一。这不仅是现代教育的发展趋势，也是在新形势下实现管理型服务的迫切需求。

第三，坚持“以学生为核心”，彰显个性化发展。由于学生的内外环境多种多样，每位学生都具有不同程度的差异，这些差异难以单纯地通过主观努力来改变。以学生为核心意味着要承认和尊重学生的个体差异和个性特点，以及顺应他们的身心发展规律，因材施教。高校的学生都是具有独立思考能力的个体，充满活力和朝气，社会也寄予了极大的期望。因此，除了尊重学生的个性差异之外，还需要从国家和社会的角度对学生进行引导、规范和管理。考虑到每位学生在成长过程中的认知和性格方面都存在差异，因此在关注学生的个性差异的同时，还需要有针对性地引导他们的个人成长、思想和道德。在学习和生活中，应当鼓励每位学生的思想独立发光，而不是追求思想的一致性。

（二）完善大学生教育管理的制度体系

建立一个有效并完善的大学生教育管理制度体系，包括制度伦理化和伦理制度化两个方面的研究。制度伦理化指的是社会体制的道德性，表现在特定体制内分配权利和义务的公平性和合理性，包括制度、法律、法规、政策和条例。伦理制度化则是将社会伦理原则和道德要求纳入制度中，并强调伦理的规范化和法律化。不论是制度伦理化还是伦理的制度化，都对大学生教育管理制度体系的建设具有理论指导和实际意义。

1．制度伦理化与伦理制度化

制度伦理化与伦理制度化是密切制度与伦理之间关系的两种不同思维取向，制度伦理化重在对制度本身进行道德上的评判和矫正，通过内容的建构促使伦理原则和道德观念在制度中的渗透与落实；伦理制度化强调将某种社会倡导、公众认可的道德规范转变成为具有强制效力的制度。两者在管理秩序的重整与道德建设中发挥着各自不同的功能。在构建人本化学生教育管理过程中，制度的伦理化更应当成为制度优化、创新的首要选择。制度应该伦理化，不合乎伦理的制度是没有生命力的；同时，伦理也应该制度化，符合人们广泛认同的道德标准和审美取向的伦理在制度化以后，更有利于发挥其作用。

2．学生是教育管理最核心的主体

学生作为教育管理的最核心主体，他们的全面发展是高校责任和义务的焦点。当前，高校正经历全面改革的时期，其中学生教育管理制度的创新尤为重要，需要实施相关策略，即伦理化与伦理制度化并重。

（1）高校在学生教育管理制度创新过程中应坚持伦理化的原则，这意味着高校应该重点关注学生的道德和价值观，以培养具备伦理素养的未来公民。高校的责任在于不仅传授知识，还要引导学生树立正确的道德观念，培养社会责任感。这样的伦理化教育将有助于学生在社会中发挥积极的作用。

（2）高校还需致力于伦理制度化，这意味着高校应建立和维护符合伦理规范的管理制度，确保这些规定对学生和教职员工都公平适用。如果发现制度中存在不符合伦理规范的地方，高校应积极进行调整和改进，以确保制度能够满足道德和伦理标准。

（3）高校还应不断创新学生教育管理制度，以适应时代的变化和学生的需求，这包括引入新的制度，以满足学生的全面发展需求，例如提供更多的实践机会、支持创新创业等。这种创新不仅有助于满足学生的需求，还有助于高校适应不断变化的社会和经济环境。

3．更新学生教育管理制度体系

（1）融入文化管理机制。在学生教育管理的实践中，全面提高学生的自我约束能力和理性自主能力是高校管理发展永恒的追求。人类的基本行为是由文化来决定的，由于文化的变化很大，所以对人性唯一正确的判断是它的可塑性很大。人与文化的关系是密不可分的，文化可以塑造人、引导人、管理人。高校人本化学生教育管理就是要突出学生在学习和生活中的主动性、主体性和自觉意识。因此，学生教育管理制度应该与人文精神、价值观念、行为准则和道德规范融为一体，得到学生对高校的管理理念和管理价值取向的高度认同，提升学生的使命感、责任感与荣誉感，增强学生对学校文化的向心力和凝聚力。刚性的制度管理为文化管理起到了重要的保障和支撑，文化管理使制度管理得到升华，文化管理充分体现了高校作为文化机构管理的科学化、人本化。

（2）建立柔性化管理机制。传统的学生教育管理理念一直强调对大学生的思想和行为进行严格的要求和规范，这种强制性的特征导致了管理者和被管理者之间的情绪对立。因此，有必要转变传统的管理观念，以建立柔性化管理机制，这一机制应该关注以下方面：

第一，建立“以学生为服务主体”的观念，将服务学生置于管理的核心，以满足学生的需求为出发点和目标。这包括关注学生关心的问题，解决他们最迫切需要解决的难题。

第二，柔性化管理机制应将激励和引导作为主要的管理手段，通过制度上的激励来引导学生建立远大的理想，专注于学业，培养科学的思维方式。特别是在引导学生思想方面，应引导他们将个人的成才梦想与国家的发展目标有机结合。

第三，柔性管理机制应重视学生的主体创造性，明确学生在校期间的权利和义务，将其纳入学校制度并加以保护。在保护学生权益方面，特别是在处理学生纠纷时，应确保程序合法、证据充分、规则明确、处罚公正。

第四，建立柔性管理机制需要激发学生的主动性，将被动管理转变为自我管理。学生教育管理应鼓励学生自我约束，让他们主动参与管理。这种转变是民主理念的要求，也是减轻管理中的矛盾和抵触情绪的重要手段。这种管理方式不仅促进了学生教育管理的发展，还培养了学生的自主、自立意识，逐步减少了对家庭、社会和学校的依赖，促进了学生思想的进步。

第五，建立柔性管理机制应与高校文化的繁荣发展相适应。高校文化在社会文化大繁荣和发展的背景下呈现多样化发展，对学生的心理和思想产生了深远影响。因此，在建立柔性管理机制的同时，应深刻理解文化对学生的影响，特别是在西方文化对学生思想渗透的情况下，需要加强在意识形态领域对学生的管理服务。

（3）建立制度反馈机制。及时做好学生意见的处理工作，是新时期制度改革所面临的重要任务。高校要建立健全有效的学生制度反馈机制。在信息交互和反馈的过程中，学生意见的反馈和解释直接关系到制度的合理性，关系到执行力与落实情况。学生与管理者之间可以相互表达自己的想法，倾听彼此的意见，从而达成共识并形成共同的愿景。

学校应该设立学生教育管理制度反馈部门，收集学生对学校管理制度的意见。高校各职能部门应将收集的信息进行分析整理，研究并制定改革方案。同时，要做到反馈及时化、经常化、规范化。学校要向学生公开学校工作计划、进程等相关内容，学生应享有对高校各个职能部门的监督权，确保管理制度的民主化、规范化。高校要从人本化的角度对学生权利制度进行完善和重构。

第二节 大学生教育管理功能探索

大学生教育管理是现代高等教育体系的关键组成部分，旨在为学生提供全面的教育和支持，以促进他们的学术、职业和个人成长。在面对不断变化的社会和职业环境时，大学生教育管理的重要性愈发凸显。因此，以下探讨大学生教育管理的功能，包括学业规划、职业发展支持、学术支持、心理健康和咨询服务、学生社交支持、学术监督和评估、奖学金和财务支持、多元文化和包容性倡导、学生参与和领导机会，以及数据和技术支持，这些功能的综合实施有助于确保学生在大学获得全面的教育和支持，为未来的职业和个人生活做好准备。

第一，学业规划。学业规划是大学生教育管理的核心功能之一。通过提供课程选择建议、学分要求、学术建议和时间管理支持，学生得以更好地规划自己的学业，这有助于确保学生按计划完成学业，减少延误或重修课程的风险。学业规划还能帮助学生探索不同领域的知识，培养综合性的教育背景，提高他们的学术素养。

第二，职业发展支持。大学生教育管理还包括提供职业发展支持的功能。这涵盖了职业咨询和指导，帮助学生明确职业目标，准备面试和简历，以及探索实习和工作机会，这有助于学生更好地为毕业后的职业生涯做准备，提高他们的职业素养。大学应该与企业界建立联系，以提供与职业发展相关的机会和资源，从而更好地满足学生的需求。

第三，学术支持。学术支持是确保学生在大学取得成功的重要因素。这包括课程辅导、研究方法培训和学习技巧培养。通过提供这些支持，学生可以更好地理解课程内容，提高学术表现，解决学习难题，以及培养批判性思维和问题解决能力。大学应该为学术支持提供资源和机会，以满足不同学生的需求。

第四，心理健康和咨询服务。大学生可能面临各种压力和心理健康问题，因此提供心理健康和咨询服务至关重要。大学生教育管理部门可以提供这些服务，以帮助学生应对挑战，减轻焦虑和抑郁，提高心理韧性。心理健康支持也有助于学生更好地适应大学生活，建立健康的生活方式，以及改善他们的生活质量。

第五，学生社交支持。大学是一个社交环境，大学生教育管理应该鼓励学生参与俱乐部、组织和社交活动。这有助于学生建立人际关系，拓宽社交圈子，并丰富校园生活。社交支持不仅提供了友谊和社会支持，还有助于学生在集体中发展领导能力、合作技巧和沟通能力，这些都是未来职业和生活中的关键素养。

第六，学术监督和评估。学术监督和评估是大学生教育管理的另一重要职能。通过跟踪学生的学术表现，提供反馈和评估，学校可以帮助学生了解他们的强项和需改进的地方，这有助于学生更好地理解自己的学术进展，制定个人学习计划，以及实现自身的学术目标。学术监督和评估也有助于学校提高教学质量和课程设计。

第七，奖学金和财务支持。为了减轻学费和生活费用的负担，大学生教育管理应该提供关于奖学金和财政援助的信息。这有助于学生获得财务支持，减轻经济压力，从而更好地专注于学业。奖学金也可以作为对学术成就的奖励，激励学生努力学习，追求卓越。

第八，多元文化和包容性倡导。在当今多元文化社会中，大学应该鼓励多元文化和包容性，确保所有学生都能在校园中感到受欢迎和尊重。提供多元文化培训和资源有助于促进跨文化理解，以及增进学生的文化敏感度。这有助于培养全球化视野，提高国际竞争力。

第九，学生参与和领导机会。提供学生参与和领导机会是大学生教育管理的一项重要任务。参加学生会、志愿者活动和领导培训等机会可以培养学生的领导能力和公民责任感。通过参与社区服务和社会活动，学生可以将课堂知识应用于实际问题，培养实践技能，提高社会参与度。

第十，数据和技术支持。数据和技术在现代大学生教育管理中扮演着越来越重要的角色。学校可以使用数据和技术工具来跟踪学生的进展、需求和趋势，以便更好地满足他们的需求，主要包括学术进展的数据分析、在线学习支持和虚拟学习资源。数据和技术支持有助于提高学校的教育管理效率，提供个性化的学习体验。

第五章

大学生管理创新实践研究

第一节　大学生管理队伍的创新建设

一、大学生管理队伍创新建设的必要性

纵观高校现状，大学生管理队伍无论是数量还是质量，都需要着力加强和提高，只有不断加强大学生管理工作队伍建设，才能适应培养人才的客观需要。高校学生工作管理队伍是高校学生日常管理和教育的主体，但目前这支队伍的现状不容乐观。目前，大部分人管理的学生数量超过教育部规定的标准，但是，他们的收入并没有因为超负荷工作而改善，也没有得到培训或者培训不足，所以他们中大部分人员对目前学校和院系的培训、使用、发展和晋升政策不太满意或非常不满意，不能安心于学生工作。

学生管理工作队伍是学校重要的一支力量，如把学校的发展比作一辆车，那么，学生管理工作就是与教学、科研、后勤工作一起构成四个轮子，保障学校这辆车向前行驶。但从目前情况看，高校学生工作管理队伍存在的问题还很多。因此，为了使这支队伍更加稳定、发展更好、素质不断提高，必须采取有效的措施加强学生管理队伍的建设。

二、大学生管理队伍创新建设的要求

（一）素质要求

学生管理工作者要培养和造就高素质人才，自身必须具备较高的政治思想素质，合理的知识结构和较强的能力素质，并有较完善的自我形象和人格力量等，概括而言，大学生管理者应具备以下素质：

1．思想素质

（1）正确的思想意识。正确的思想意识即要树立社会主义思想意识，自觉地传播社会主义、共产主义思想，牢记全心全意为人民服务的宗旨，正确处理个人利益和社会利益、集体利益和他人利益的矛盾关系，在实践中不断培养和发扬社会主义和共产主义的精神。

（2）科学的思想方法。科学的思想方法即要提高自己认识问题、分析问题和解决问题的能力，运用正确的观点和方法指导学生的教育管理工作。

（3）严谨的思想作风。严谨的思想作风即要有实事求是的思想作风，尊重客观事实，一切从实际出发，按照教育教学管理规律办事。

2．政治素质

（1）正确的政治方向。政治方向是实现共同理想的保证，是建设有中国特色社会主义的精神支柱和力量源泉。大学生管理者无论是在何时何地都要自觉地坚持社会主义的政治方向，做一个社会主义制度的捍卫者和引路人。

（2）坚定的政治立场。坚定的政治立场即要始终站在广大人民的立场上来观察问题和处理问题，坚决维护党和人民群众的利益，为绝大多数人民群众谋利益。

（3）较强的政治原则。较强的政治原则即是要坚持党性原则，革命性、科学性和实践性原则，自觉地为社会主义事业、为人民群众的根本利益而奋斗。

（4）坚定的政治信仰。人的信仰是原则性和坚韧性的基础。只有树立了崇高的政治信仰，才能产生强大的内驱力，以坚持不懈的意志和毅力去从事伟大的事业。

（5）良好的政治品质。良好的政治品质即要忠于党、忠于人民，忠于社会主义祖国，热爱真理，追求真理，坚持真理，服从真理，廉洁奉公，公正无私，襟怀坦白，光明磊落，表里如一，言行一致。

（6）较高的政策水平。大学生管理者只有正确地掌握党的路线、方针、政策，不断提高自己的政策水平，才能通过教育管理活动引导广大学生认真贯彻执行党的路线、方针和政策。

3. 道德素质

（1）科学的道德认识。科学的道德认识是道德行为和道德习惯的先导，是形成道德品质的最基本的条件。大学生管理工作者要在了解和掌握社会主义的道德价值体系的基础上，按照社会主义道德体系的要求和规范提高自己的道德修养。

（2）高尚的道德信念。道德信念较之道德认识、道德行为和道德意志，具有综合性、稳定性和持久性的特点，它在道德品质形成中居于主导地位，是道德认识转化为道德行为的重要精神力量。大学生管理工作者应该确立高尚的社会主义、共产主义道德信念，具有真诚信仰和强烈的责任感。

（3）优秀的道德品质。优秀的道德品质是道德认识、道德情感、道德意志、道德信仰、道德信念、道德行为的集合体。大学生管理工作者要树立优秀的道德品质，以自己的实践活动体现社会主义、共产主义的道德情操。

4. 心理素质

（1）坚忍的意志品格。作为大学生管理者，必须具有强烈的事业心和进取心，高度的热情和主动负责精神，坚定的信念和自信心，强烈的责任心和荣誉感。只有这样，才有克服困难的勇气，在困难面前，具有坚韧的忍耐力和坚定的毅力，面对成功与失败，顺境与逆境，都能沉着稳定，善于控制自己的情绪，保持冷静。

（2）开放稳重的性格特征。大学生管理者要善于培养开放性、稳重而富有吸引力的性格特征，在教育实践中做到一丝不苟，踏实认真，在待人处事中要开朗热情、诚恳友善、乐于助人、严于律己、宽以待人。

（3）良好的心境。心境是一种比较持久的、稳定的，影响人的整个精神活动的情绪状态，对人的生活和工作有很大的影响。一般而言，积极、良好的心境有助于充分发挥自己的积极性与创造性，提高工作效率；相反，消极不良的心境则容易使人厌倦、悲观、消沉孤僻。因此，大学生管理者应当学会做心境的主人，使自己经常保持舒畅、乐观、开朗的良好心境，以利于有效地开展工作。

（4）广泛的兴趣爱好。大学生管理者要具有广泛的兴趣爱好，以便在工作中与学生打成一片，寓教育于娱乐当中，使思想性、教育性与娱乐性融为一体，通过健康活泼的集体娱乐活动，潜移默化地影响学生的思政品德，达到提高学生的思政觉悟和认识能力的目的。

5. 知识素养

（1）牢固的理论知识。作为大学生管理者，要认真学习和掌握相关理论知识。

（2）扎实的专业知识。大学生管理者的专业知识，突出地表现为思政教育学的基本理论和工作业务方面的知识，掌握专业知识，有利于提高大学生管理者的业务能力和专业水平。

（3）广博的相关学科知识。大学生管理者要掌握心理学、教育学、伦理学、政治学、社会学等相关学科的理论知识，同时，还要熟悉和了解与学生管理联系较为紧密的相关知识，例如经济学、法学、历史学、美学、思维科学中的语言学、逻辑学、统计学和现代科学技术知识、电脑操作知识等，大学生管理者懂得的知识越多，对工作越有利。

6. 能力素质

（1）组织管理能力。组织管理能力主要包括：调动和组织各方面的能力；收集、整理各种思想信息，制订计划，并选择时机实施计划，有较高的决策能力；熟练自如地独立组织各种思政教育活动的能力；具有创造良好的谈心气氛，掌握谈心技巧方面的能力；运用各种措施，通过民主管理激励学生参与管理的积极性的能力等。

（2）分析研究能力。大学生管理者要有较强的调查研究能力，善于接触、观察、了解、分析问题，并做出正确的判断；要有较高的理论研究分析能力，善于结合实际运用思政教育的基本理论解决实际问题，并在实践中不断发展思政教育的科学理论；要有较强的逻辑分析能力，能够运用演绎法、归纳法及科学的思维方法对经验进行归纳总结，对问题进行综合分析，从中得出正确的结论，并把它上升为理论，指导实践活动。

（3）语言表达能力。语言表达能力包括文字表达能力、口头语言表达能力和动作语言表达能力三个方面。大学生管理者要有较高的动作语言表达能力，善于根据不同的场合和不同的对象，巧妙地运用动作姿势语言，如手势、眼神、面部表情，向学生暗示或阐明自己的工作意图。

（二）“职业化、专业化、专家化”的要求

1. 符合大学生管理队伍建设的发展方向

专业是社会分工、职业分化的结果，是人类社会发展到一定文明程度所必然出现的结果。从职业社会学来看，社会变革发展的一个重要特征就是许多职业都进入了“专业”的行列。“职业化”就是指把学生管理工作视为一种职业，把这支队伍建设为从事这一职业的教师。“专业化”是指用思政教育专业的知识和理论武装这支队伍的头脑，使他们具有较高专业素养的人。“专家化”是指要把大学生管理者培养成为思政教育的专家，成为当代大学生的指导者和引路人。

一个职业是否专业，其特征与标准为：运用专门的知识与技能；强调服务的理念和职业伦理；经过长期的培养与训练；需要不断地学习进修；享有有效的专业自治；形成坚强的专业团体。这样的专业队伍越稳定，并且出现的专家越多，对社会的进步与发展就越有利。既然职业化、专业化是社会分工的必然结果，那么大学生管理队伍建设的方向也应该朝职业化、专业化发展，而且，从培养高素质的社会主义建设者和接班人的目标和要求来看，也必然要求大学

生管理队伍向专家化发展。

2. 促进大学生管理队伍自身发展的需要

大学生管理者与其他学科的专业教师一样，是高校教师的重要组成部分。学生管理工作具有很强的科学性与艺术性，在大学生教育管理中，在工作内容上，学生管理者会运用到许多涉及大学生健康成才的方方面面的知识。作为学生管理工作者，如果没有较高的业务素质与水平，没有比较全面的知识、能力和责任心，是不能顺利而有效地开展学生工作的。而解决这一问题的关键就是实现学生管理工作队伍的职业化、专业化以至专家化，使这支队伍工作有成效、干事有平台、发展有空间，这不仅是工作的需要，也是这支队伍自身发展的需要。

3. 推进高校改革，促进大学生成才的需要

当今国际社会呈现出“政治多元化、经济全球化、文化多元化、信息网络化”的新趋势，如何应对这一新趋势，每个国家都面临着机遇和挑战。我国高校肩负着培养中国特色社会主义建设者和接班人的重任。大学生管理队伍工作在大学生思政教育管理的第一线，高校的各种思政教育活动都要依靠他们去落实，其工作成效如何，直接影响到所培养的大学生的质量。从某种程度上可以这么说，大学生管理队伍的素质，决定了大学生的素质。高校学生工作队伍向职业化、专业化和专家化发展，是当今高校改革与发展和学生成长成才的需要。

建设大学生管理“职业化、专业化、专家化”队伍，同时也是坚持以人为本，实施人才兴国的战略思想，把大学生管理队伍作为我国重要的人才资源来建设的具体体现。

三、大学生管理队伍建设的创新策略

（一）重视管理队伍的职业素质培训

大学生管理工作辛劳清苦，责任重大，职业素质极其重要。要成为大学生的人生导师，一定要内强素质，外树形象，率先垂范，言传身教。一批好教师会造就一所好学校，一个好的大学生管理者会影响一批学生的未来。如果大学

生管理者事业心和责任心不够强，就会对学生的成长造成不良影响。抓学生管理队伍建设要从实际出发，制订培养规划，有计划、有步骤地进行各种形式的岗前和在岗培训，强化职业道德操守；要定期安排学习考察、经验交流活动，沟通信息，促进提高。

（二）加强管理队伍的专业化学习

加强专业化建设，鼓励大学生管理者成为思想教育、心理健康教育、职业生涯规划、学生事务管理等方面的专门人才。作为一名大学生管理者要按职业要求成为学生政治上的引路人、学习和生活上的指导者、心理健康的辅导者和合法权益的保护人，光有热情和爱心，缺乏专业知识的支撑，显然是不够的。高校要切实重视学生管理队伍的职业化、专业化、专家化建设，对学生管理队伍进行思政教育、时事政策、管理学、教育学、社会学和心理学以及就业指导、学生事务管理等方面的专业化辅导与培训，开展与学生管理工作相关的科学研究，使大学生管理者成为行家里手，工作起来得心应手。

第二节　大学生管理信息化创新构建

一、大学生管理信息化的构建目标

（一）提升管理效率与服务质量

1．信息化提升管理效率

针对传统大学生管理方式的不足，信息化管理应运而生。信息化管理利用现代科技手段，对大学生管理工作进行优化，提升管理效率。首先，通过建立信息化管理系统，可以实现对学生信息的数字化管理，方便快捷地进行信息查询、统计和分析。其次，信息化管理可以提高管理层与学生之间的沟通效率，如利用校园网、短信平台等进行实时通知和信息传递。此外，信息化管理还可以实现对学生个性化需求的关注，如通过数据分析了解学生兴趣、特长，为学生提供有针对性的辅导和服务。

2. 信息化提升服务质量

信息化在提升大学生管理服务质量方面的应用举例如下：

（1）在线选课系统：学生可以不受时间地点限制，在线选择自己感兴趣的课程，满足个性化学习需求。

（2）电子图书馆：通过电子图书馆，学生可以随时随地查阅各类书籍资料，提高学习效率。

（3）学生综合素质评价系统：通过对学生在校表现、社团活动、社会实践等方面的数据采集和分析，全面评价学生综合素质，为学生提供有针对性的指导和帮助。

（4）心理咨询在线预约系统：学生可以在线预约心理咨询师，解决心理问题，提高心理健康水平。

（5）就业信息服务系统：通过就业信息服务系统，学生可以随时了解就业政策、岗位信息，提高就业竞争力。

总之，信息化管理在提高大学生管理效率与服务质量方面具有重要意义。充分利用现代科技手段，不断完善信息化管理系统，有助于实现对大学生的精细化、个性化管理，为大学生提供更加优质的服务。

（二）促进教育资源的优化配置

信息化进程的加速，为教育资源配置提供了新的可能。在信息化背景下，教育资源配置正朝着更加公平、高效、个性化的方向发展。信息化在教育资源配置中的作用主要体现在以下方面：

（1）拓宽资源获取渠道：信息化环境下，教育资源获取渠道更加丰富，教师和学生可以轻松访问到全球范围内的优质教育资源，实现资源的共享与交流。

（2）提高资源利用效率：信息化手段有助于提高教育资源的利用效率，如通过网络平台进行资源共享、协同备课等，减少重复劳动，提高教育教学质量。

（3）促进教育公平：信息化教育资源配置有助于缩小城乡、区域、校际之间的教育差距，使更多学生享受到优质教育资源，促进教育公平。

（4）满足个性化学习需求：信息化环境下，教育资源可以根据学生的兴趣、特长和需求进行定制化供给，满足个性化学习需求。

（三）强化学生自我管理与服务

信息化时代为学生自我管理与服务提供了丰富的资源和技术支持，具体体现在以下方面：

（1）在线学习平台：学生可以通过在线学习平台获取丰富的学习资源，实现自主学习，提高学习效果。

（2）时间管理工具：利用各种时间管理软件，如番茄钟、日程表等，帮助学生合理安排时间。

（3）心理健康服务：通过心理咨询、在线测评等手段，关注学生心理健康，提供及时的心理援助。

（4）人际交往平台：利用社交媒体、团队协作工具等，促进学生间的交流与合作，提升沟通能力。

（5）生活信息服务：通过校园网、手机应用等渠道，提供生活相关信息，方便学生解决生活问题。

强化学生自我管理与服务是培养学生综合素质的关键环节。在信息化时代，教师要充分利用现代科技手段，满足学生自我管理与服务的需求，促进学生个性化发展。通过分析学生需求、探讨信息化支持手段以及提出应用策略，教师可以为学生自我管理与服务提供有力保障，为培养具有全面素质、创新精神和国际视野的人才奠定基础。

（四）推动大学生管理模式的创新

1．信息化对大学生管理模式的影响

信息化时代的到来，对大学生管理模式产生了深远的影响。首先，信息获取方式的改变使得大学生获取知识的途径更加广泛，他们可以通过网络平台获取到更丰富、更前沿的知识资源。这种变化使得大学生在知识获取上更加主动，也提高了他们对知识的探索欲望。其次，信息交流方式的变革也对大学生管理模式产生了影响。在传统模式下，大学生之间的交流主要依赖于面对面的沟通，而在信息化时代，网络社交工具、在线论坛等新兴的交流方式使得大学生之间的交流更加便捷，也使得信息的传播速度得到了极大的提升。此外，信息化也对大学生管理模式中的教育方式产生了影响。传统的大学生教育主要依赖于课堂讲授，而在信息化时代，网络教育、在线课程等新兴的教育方式使得大学生教育更加多样化，也为大学生提供了更为灵活的学习方式。

2．信息化推动大学生管理模式的创新

信息化对大学生管理模式的改变主要体现在以下方面：首先，信息化的推进使得大学生管理模式更加注重个性化发展。在传统模式下，大学生的学习和生活节奏往往受到统一管理的影响，而在信息化时代，大学生可以根据自己的需求和兴趣选择学习内容，制定学习计划，这有利于发挥大学生的个性和特长。其次，信息化推动了大学生管理模式的民主化。在网络平台上，大学生可以自由表达自己的观点，参与到学校管理中来，使得学校管理更加公开、透明，也更有利于维护大学生的权益。再次，信息化使得大学生管理模式更加高效。通过网络平台，学校可以快速地将信息传达给大学生，同时，大学生也可以通过网络平台完成各项任务，如在线报名、在线考试等，这大大提高了管理效率。

总体而言，信息化时代下大学生管理模式的创新，需要教师充分利用信息技术的优势，构建一个全面、高效、个性化的信息平台，以满足大学生在学习、生活等方面的需求，同时，也要注重保护大学生的权益，促进他们的全面发展。

二、大学生管理信息化的构建要素

（一）信息化基础设施建设

1. 信息化基础设施的构成与要求

信息化基础设施是现代教育管理不可或缺的部分，它主要包括计算机网络设施、数字化教学资源、以及相关的技术支持和服务。

（1）计算机网络设施：这是信息化基础设施中最基础的部分，包括校园网、多媒体教室、电子阅览室等，为师生提供信息查询、资料下载、在线学习等便利。

（2）数字化教学资源：包括电子教材、网络课程、在线实验等，这些资源需要具有较高的学术价值和教育质量，能够满足大学生在学习过程中的各种需求。

（3）技术支持和服务：包括服务器、云计算、大数据分析等，这些技术支持能够为高校管理提供高效、准确的数据分析，帮助管理者做出更科学的决策。

2. 加强信息化基础设施建设的策略与措施

（1）加大投入：政府应加大对高校信息化基础设施建设的投入，确保高校有足够的资金进行硬件设施的更新和优化。

（2）优化资源分配：通过云计算、大数据等技术手段，实现高校间教学资源的共享，使所有学生都能享受到优质的教育资源。

（3）提升软件实力：高校应选择具有强大功能、易于扩展、安全稳定的信息化管理软件，同时，定期对软件进行升级和更新，以满足不断变化的管理需求。

（4）强化技术支持：高校应建立专门的技术支持团队，为信息化建设提供有力的技术保障，同时，与相关企业合作，引入先进的技术理念和管理经验。

（5）培养人才：高校应加强对信息化人才的培养，包括专业技能培训和实践经验积累，确保信息化建设能够持续、稳定地进行。

总的来说，信息化基础设施建设是高等教育管理现代化的关键，只有解决好当前存在的问题，才能为高校的可持续发展奠定坚实的基础。

（二）信息化应用系统的开发与集成

高校中大学生信息化应用系统的开发与集成是一个复杂而关键的过程，旨在提升高校教育、管理和服务的效率与水平。

1. 信息化应用系统的开发

（1）系统需求分析：首先，需要深入了解高校的业务需求，包括教学管理、学生管理、课程管理、资源管理等方面。这有助于明确系统的功能需求，为后续的开发工作奠定基础。

技术选型与架构设计：根据需求分析结果，选择合适的技术栈和架构进行系统设计。例如，可以采用 B/S 结构、MVC 设计模式、Java 编程语言等技术，并结合 Spring Boot、Vue 等框架进行开发。同时，考虑到系统的可扩展性和可维护性，应采用模块化、分层化的设计思想。

（2）功能开发与测试：在确定了技术栈和架构后，开始进行具体的功能开发。这包括数据库设计、接口开发、前端页面制作等。在开发过程中，应注重代码质量和性能优化，确保系统的稳定性和高效性。同时，要进行严格的测试工作，包括单元测试、集成测试和系统测试，确保系统的功能正确性和稳定性。

2. 信息化应用系统的集成

（1）数据集成：不同应用系统之间需要进行数据交换和共享，因此数据集成是集成工作的关键。可以通过建立统一的数据标准和接口规范，实现不同系统之间的数据互通。同时，还需要考虑数据的安全性和隐私保护问题。

（2）功能集成：除了数据集成外，还需要实现不同系统之间的功能互补和协同工作。例如，可以将学生信息管理系统与选课系统、成绩管理系统等进行集成，实现学生信息的统一管理和查询。

（3）业务流程集成：集成工作还需要考虑业务流程的整合和优化。通过梳理和优化业务流程，可以减少重复劳动、提高工作效率。例如，可以将学籍管理、课程管理、考试管理等业务流程进行集成，形成一个完整的教务管理流程。

3. 面临的挑战与解决方案

在开发与集成过程中，可能会面临一些挑战，如技术难度高、系统复杂性强、数据安全风险大等。为了应对这些挑战，可以采取以下措施：

（1）加强技术研发和人才培养：投入更多资源用于技术研发和人才培养，提升团队的技术水平和创新能力。

（2）建立完善的项目管理机制：制定详细的项目计划和进度安排，确保项目按时按质完成。同时，加强项目沟通和协作，及时解决项目中遇到的问题。

（3）加强数据安全保障：建立完善的数据安全管理制度和技术措施，确保数据的安全性和隐私保护。

综上所述，高校中大学生信息化应用系统的开发与集成是一个复杂而关键的过程。通过合理的需求分析、技术选型、功能开发以及有效的集成策略，可以构建出高效、稳定、安全的信息化应用系统，为高校的教育、管理和服务提供有力支持。

（三）信息安全与隐私保护

随着互联网技术的飞速发展，信息化管理已经深入到大学生的学习、生活等各个方面。然而，信息安全与隐私保护问题也随之而来。一方面，大学生在网络上的个人信息泄露风险较高，如个人信息、学术成果、社交隐私等，这些都可能受到黑客、网络诈骗等威胁。另一方面，大学生在利用网络资源进行学习、交流的过程中，可能面临病毒攻击、恶意软件等安全风险。这些问题都给大学生的正常生活和学习带来了诸多困扰。

为了应对大学生管理信息化面临的信息安全与隐私保护问题，可以从技术手段和管理措施两方面进行探讨。

在技术手段方面，可以采取以下措施：一是加强网络安全防护，如使用防火墙、入侵检测系统等，防范黑客攻击；二是加强数据加密技术研究，对大学生个人信息、学术成果等重要数据进行加密存储和传输，防止数据泄露；三是推广安全软件，如杀毒软件、隐私保护软件等，提高大学生信息安全和隐私保护意识；四是利用区块链、人工智能等新兴技术，提高信息安全的智能化水平。

在管理措施方面，可以采取以下措施：一是加强信息安全教育和培训，提高大学生信息安全和隐私保护意识，如开设信息安全课程、举办信息安全知识竞赛等；二是建立健全信息安全管理制度，明确大学生信息安全和隐私保护的责任和义务，如制定个人信息保护政策、学术成果管理办法等；三是加强信息安全监管，如定期对网络设施进行安全检查，对信息安全事件进行查处等；四是建立信息安全应急预案，提高应对信息安全事件的能力。

大学生信息安全与隐私保护问题关系到大学生的切身利益和我国信息安全，我们必须高度重视，并采取有效措施加以解决。通过加强立法、技术研发、教育培训、管理制度和监管等措施，我们可以提高大学生信息安全与隐私保护水平，为大学生创造一个安全、健康的网络环境。

三、大学生管理信息化的构建机遇

随着时代的进步和科技的发展，信息化已经成为了各行各业不可或缺的一部分，而高等教育领域同样不例外。大学生管理信息化构建，正是在这样的时代背景下应运而生，它迎合了社会发展的需要，也为高校管理模式的创新提供了重要的契机。大学生管理信息化的构建机遇主要包括以下方面：

（一）技术进步为管理信息化提供了有力支撑

如今，信息技术的高速发展正以前所未有的速度和深度改变着人类社会的各个方面，特别是在高等教育领域，技术进步的巨大推动力使得管理信息化成为了可能，并为大学生管理提供了更为高效、精准和个性化的解决方案。

第一，大数据技术的崛起为大学生管理信息化奠定了坚实的基础。大数据以其海量的数据量和高速的处理能力，使得人们可以对大学生的学习、生活、兴趣、职业规划等各个方面进行深度挖掘和分析，这种深度的数据洞察，不仅为大学生管理提供了前所未有的数据支持，还使得学校能够更加精准地了解每一个学生的需求与特点。在大学生管理信息化中，大数据技术的应用是多方面的。例如，通过收集学生在课堂、图书馆、网络学习平台等各个场景下的学习数据，学校可以分析出学生的学习习惯、兴趣偏好以及学习难点。基于这些分析结果，学校可以为学生推荐更加符合其需求的课程和学习资源，实现个性化教育的目标。同时，学校还可以利用大数据对学生的学习进度和效果进行实时监控和评估，及时发现学生的学习问题，为他们提供及时的帮助和支持。

第二，大数据在大学生职业规划方面的应用日益凸显。通过对学生的兴趣爱好、技能特长、职业倾向等数据进行深入挖掘和分析，学校可以为学生提供更加精准的职业指导和就业推荐，不仅有助于提升学生的就业竞争力，还能够为他们未来的职业生涯奠定坚实的基础。

第三，云计算技术的普及和应用为大学生管理信息化提供了灵活、高效的技术支持。云计算以其弹性扩展、按需服务的特点，使得大学生管理信息化能够更加便捷地实现数据资源的共享和协同。通过云计算平台，学校可以构建统一的信息化管理系统，实现各个部门之间的信息互通和资源共享，不仅提高了工作效率，还降低了信息化建设的成本。在大学生管理信息化的实践中，云计算技术的应用优势主要体现在以下方面：首先，云计算为大学生管理提供了强大的数据存储和处理能力。学校可以将大量的学生数据存储在云端，利用云计算平台进行高效的数据处理和分析，这不仅保证了数据的安全性和可靠性，还提高了数据处理的速度和效率。其次，云计算为大学生管理提供了便捷的协同工作环境。通过云计算平台，学校可以实现不同部门之间的信息共享和协同工作，提高了工作效率和协作效果。最后，云计算还为大学生管理提供了灵活的扩展能力。随着学校规模的不断扩大和学生数量的不断增加，云计算平台可以根据实际需求进行弹性扩展，满足大学生管理信息化的长期发展需求。

第四，人工智能技术的快速发展为大学生管理信息化注入了新的活力。人工智能以其强大的计算能力和深度学习能力，使得人们可以对大学生的行为进行智能预测和干预，为他们的学习和生活提供更加个性化的指导。在大学生管理信息化中，人工智能技术的优势主要体现在以下方面：首先，通过智能推荐系统，学校可以为学生推荐适合他们的学习资源、实践机会和职业规划建议，不仅可以帮助学生更好地规划自己的学习和职业生涯，还能够提高他们的学习效率和就业竞争力。其次，人工智能还可以用于学生的情感分析和心理健康监测。通过分析学生的言论和行为，人工智能可以及时发现学生的情感波动和心理问题，为他们提供及时的帮助和支持。最后，人工智能还可以用于学生管理的自动化和智能化。例如，通过智能排班系统、智能考勤系统等应用，学校可以实现对学生的自动化管理，提高工作效率和管理水平。

总而言之，技术进步为大学生管理信息化提供了有力的支撑。大数据、云计算和人工智能等先进技术的应用使得大学生管理信息化变得更加高效、精准和个性化。然而，技术进步只是管理信息化的手段之一，要想真正实现大学生管理的现代化和智能化，还需要不断探索和创新管理理念和方法，以适应时代的发展和学生的需求。

（二）政策导向为管理信息化指明了发展方向

政策导向作为国家宏观调控的重要手段，对于各个领域的发展均有着至关重要的引领作用。在高等教育领域，尤其是管理信息化方面，政策导向更是发挥着举足轻重的作用。近年来，随着信息技术的高速发展，管理信息化已经成为高等教育不可或缺的重要组成部分，政策导向在这一过程中为管理信息化指明了发展方向，对于高校信息化建设具有重要意义。

第一，政策导向为管理信息化提供了明确的发展目标和方向。国家和地方政府通过出台一系列政策措施，对高等教育信息化建设进行了全面规划，为高校管理信息化的发展提供了明确的目标和路径，这些政策不仅关注于硬件设施的完善，还注重软件系统的升级和人才培养的加强，为高校管理信息化提供了全方位的支持。同时，政策还鼓励高校积极探索信息化建设的新模式、新路径，推动高校管理信息化向更高水平发展。

第二，政策导向为管理信息化提供了资金支持和人才保障。信息化建设需要大量的资金投入和人才支持，而政策导向正是通过提供资金支持和人才保障，为高校管理信息化的发展提供了有力的支撑。政府通过设立专项资金、实施优惠政策等方式，鼓励高校加大对管理信息化的投入力度。同时，政策还注重人才培养和引进，为高校管理信息化提供了充足的人才资源，这些措施不仅有助于提升高校管理信息化的水平，还有助于推动整个高等教育领域的信息化进程。

第三，政策导向促进了高校与企业、科研机构等之间的合作与交流。管理信息化建设是一个系统工程，需要高校、企业、科研机构等多方面的参与和协作。政策导向通过鼓励高校与企业、科研机构等开展合作，共同推进信息化建设，为高校获取更多技术支持和合作资源提供了便利，这种合作模式不仅有助于提升高校管理信息化的技术水平，还有助于推动产学研用一体化的发展，促进高等教育与社会的深度融合。

具体而言，政策导向在高校管理信息化方面的机遇主要包括以下方面：首先，明确发展目标和方向。政策导向通过制定具体的目标和方向，为高校管理信息化提供了清晰的指引，这些目标和方向不仅关注于信息化基础设施的建设，还注重信息化应用系统的开发和推广，以及信息化人才的培养和管理，这使得高校在推进管理信息化的过程中，能够有针对性地开展工作，避免盲目性和重复性投入，提高信息化建设的效率和质量。其次，优化资源配置。政策导向通过调整和优化资源配置，为高校管理信息化提供了必要的保障。政府通过设立专项资金、实施税收减免等措施，鼓励高校加大对信息化建设的投入力度。政策应注重引导社会资本参与高校信息化建设，通过校企合作、产学研一体化等方式，推动资源共享和优势互补，这些措施有助于解决高校在信息化建设中面临的资金不足和技术瓶颈等问题，促进信息化建设的可持续发展。再次，推动技术创新和应用。政策导向鼓励高校在信息化建设过程中注重技术创新和应用。政府通过设立科研项目、举办技术竞赛等方式，推动高校在信息化技术领域开展深入研究和实践探索。政策还注重推广和应用新技术、新应用，促进信息技术与教育教学的深度融合，这些措施有助于提升高校管理信息化的技术水平和应用效果，为高等教育的发展注入新的活力和动力。最后，加强人才培养和引进。政策导向注重加强高校信息化人才的培养和引进，政府通过设立奖学金、提供就业支持等措施，鼓励更多优秀人才投身高校信息化建设事业。政策应注重与国际先进水平的交流和合作，引进国外先进的信息化技术和理念，提升高校信息化建设的整体水平，这些措施有助于为高校管理信息化提供充足的人才支持，推动信息化建设向更高水平发展。

总而言之，政策导向为管理信息化指明了发展方向，为高校信息化建设提供了有力的支持和保障。在政策的引导下，高校可以更加明确地认识到管理信息化的重要性，加大投入力度，加快推进大学生管理信息化进程。同时，政策还鼓励高校与企业、科研机构等开展合作，共同推进信息化建设，这为高校获取更多技术支持和合作资源提供了便利。未来，随着政策的不断完善和深化，相信高校管理信息化将会迎来更加广阔的发展空间和更加美好的发展前景。

（三）教育改革为管理信息化提供了广阔空间

在当前的全球化和信息化时代背景下，教育改革已经成为推动教育进步、提升教育质量的重要动力。其中，高等教育作为培养高素质人才、推动社会创新的重要基地，其改革步伐更是备受关注。而在这场深刻的教育改革中，管理信息化不仅成为改革的重要内容，更为高等教育的发展提供了广阔的空间和无限的可能性。

第一，从教育改革的整体背景而言，高等教育正在经历一场由量变到质变的深刻变革，这一变革不仅要求高校在教育内容、教学方法上进行创新，更在管理体制、运行机制上提出了新的要求。在这样的背景下，管理信息化作为提升管理效率、优化资源配置的重要手段，自然成为改革的重要组成部分。通过引入信息化技术，高校可以更加高效地处理学生信息、教学数据等，使管理决策更加科学、准确和及时。

第二，管理信息化对于推动高等教育管理模式的创新与发展具有重要意义。传统的教育管理模式往往存在着信息流通不畅、决策效率低下等问题，难以适应现代高等教育的快速发展。而管理信息化则能够打破这些局限，通过构建高效的信息系统，实现信息的快速传递和共享，提高管理决策的效率和准确性。

同时，管理信息化还可以促进学校内部各部门之间的协作与沟通，形成更加协同高效的工作机制。

第三，管理信息化能够增强学校的社会服务能力。在信息化时代，信息的传播和获取变得更加便捷和高效。通过管理信息化，学校可以更加及时、准确地了解社会的需求和变化，从而调整和优化教育资源配置，为社会提供更加优质的教育服务。同时，学校还可以通过信息化手段加强与外界的联系和合作，扩大自身的影响力和竞争力。

第四，教育改革强调学生主体地位和个性化发展与管理信息化的理念高度契合。在传统教育模式下，学生往往被视为被动接受知识的对象，其个性化需求和发展空间受到一定限制。而管理信息化则能够为学生提供更加个性化、多样化的学习资源和服务。例如，学校可以利用信息化手段开展在线教学、远程辅导等，为学生提供更加灵活便捷的学习方式；同时，学校还可以借助信息技术开展学生评价、反馈等工作，及时了解学生的学习情况和需求，为教学改进提供有力支持。

具体而言，管理信息化在高等教育中的机遇体现在多个方面：①在学籍管理方面，通过构建电子学籍系统，学校可以实时更新学生的个人信息、学业成绩等数据，方便学生进行自我管理和查询；②在招生管理方面，信息化手段可以帮助学校更加精准地定位目标考生群体，提高招生工作的针对性和效率；③在教学管理方面，信息化平台可以支持教师开展在线备课、授课、作业批改等工作，提高教学效率和质量。

总而言之，教育改革为管理信息化提供了广阔的空间和无限的可能性。通过推进管理信息化，高校可以提升自身的管理水平和服务能力，为学生提供更加优质的教育资源和更加个性化的发展空间。同时，管理信息化也是推动高等教育创新发展的重要手段之一，有助于实现高等教育的现代化和国际化。因此，高校应该积极拥抱信息化时代，加强信息化建设和管理，为培养更多优秀人才、推动社会进步做出更大的贡献。在未来的发展中，管理信息化还将继续深化和拓展其应用领域。随着大数据、人工智能等新一代信息技术的快速发展和应用，管理信息化将更加智能化、精准化，为高校提供更加全面、深入的数据支持和分析服务。同时，管理信息化还将促进高校之间的合作与交流，推动高等教育资源的共享和优化配置。在未来的高等教育领域，管理信息化将发挥越来越重要的作用，为高校的发展注入新的活力和动力。

四、大学生管理信息化的构建思路

随着信息技术的迅猛发展和高校管理模式的不断创新，大学生管理信息化已成为提升高校管理效率、优化服务质量的重要途径。大学生管理信息化的构建思路主要包括以下方面：

（一）整体规划与分步实施

大学生管理信息化，作为高校现代化管理的重要组成部分，其内涵远超过单纯的技术应用，它涉及学生信息管理、教学管理、生活服务等多个层面，是一项复杂的系统工程。因此，高校在推进大学生管理信息化工作时，必须秉持系统思维，从整体上进行规划，确保各项工作的有序、高效推进。

1. 整体规划

整体规划要求高校明确信息化建设的总体目标，这个目标应该与高校的发展战略紧密相连，体现出现代化、智能化、高效化的管理需求。在此基础上，高校还需进一步细化信息化建设的具体任务，如完善信息管理系统、优化管理流程、提升服务质量等。同时，高校还需要明确信息化建设的实施路径，包括技术选型、人员配备、资金投入等方面的规划。高校应结合自身实际情况和发展需求，制定切实可行的信息化发展规划，这个规划不仅要考虑到当前的管理需求，还要预见未来的发展趋势，确保各阶段目标的可行性和可操作性。此外，高校还应建立相应的考核评价机制，对信息化建设的进展和成效进行定期评估，以便及时调整规划，确保信息化建设的顺利进行。

在整体规划的基础上，高校应分步实施大学生管理信息化工作。分步实施并非简单的任务分解，而是要根据不同模块的重要性和紧急程度，合理安排建设时序。例如，对于关系到学生基本信息管理和学籍管理的学生信息管理系统，应优先进行建设和完善，以确保学生信息的准确性和完整性。同时，对于其他如教学管理、生活服务等模块，也应根据实际需求进行有序推进。

2．分步实施

在分步实施的过程中，高校应注重信息化建设的质量和效益，这要求高校在推进信息化工作的同时，加强监督和管理，确保各项措施的有效实施。具体而言，高校可以建立信息化建设项目负责制，明确责任人和责任部门，确保项目的顺利进行。同时，高校还应加强对信息化建设的宣传和培训，提高师生的信息化素养，推动信息化建设的深入开展。此外，高校还应及时总结经验教训，不断优化信息化建设的策略和措施，这包括定期召开信息化建设工作会议，对建设过程中的问题进行梳理和分析，提出改进措施；加强与其他高校的交流与合作，借鉴先进经验和技术，推动信息化建设水平的不断提升。

在推进大学生管理信息化的过程中，高校还需要注意以下方面：①要坚持以人为本的管理理念。大学生管理信息化的最终目的是为了更好地服务学生，提高管理效率和质量。因此，在信息化建设的过程中，高校应充分考虑学生的需求和利益，确保信息系统的易用性和友好性，提高学生的满意度和参与度。②要注重数据安全和隐私保护。在信息化建设中，大量的学生信息将被存储在计算机系统中，因此数据安全和隐私保护显得尤为重要。高校应建立完善的数据管理制度和安全防护机制，确保学生信息的安全性和隐私性。同时，高校还应加强对师生的信息安全教育，提高他们的信息安全意识。③要关注信息化建设与教育教学的深度融合。大学生管理信息化不仅是管理手段的创新，也是教育教学改革的重要推动力量。高校应积极探索信息化教学与管理的有效结合点，推动信息技术与教育教学的深度融合，提高教育教学的质量和效果。

总而言之，整体规划与分步实施是推进大学生管理信息化的关键策略。通过科学的规划和有序的实施，结合以人为本的管理理念、数据安全和隐私保护以及信息化建设与教育教学的深度融合，高校可以逐步建立起完善的信息化管理体系，为培养高素质人才提供有力保障，这不仅有助于提升高校的管理水平和服务质量，也将为高校的可持续发展注入新的动力。

（二）需求导向与注重实效

在信息化时代的浪潮中，大学生管理信息化的建设已经成为高校管理创新的重要方向，这一建设过程不仅是对传统管理模式的革新，更是对提升教育服务质量和效率的重要途径。其中，需求导向与注重实效的理念成为推动大学生管理信息化建设的核心原则，具有深远的理论意义和实践价值。

1. 需求导向

需求导向是大学生管理信息化建设的出发点和落脚点，这一原则强调高校应以满足学生管理的实际需求为首要任务，深入调研和分析学生在信息获取、交流互动、服务体验等方面的具体需求。通过深入了解学生的真实需求，高校可以更加精准地定位信息化建设的目标，为后续的信息化规划提供有力的依据。在实践中，需求导向要求高校建立起一套完善的需求调研机制，这包括定期开展学生需求调查，通过问卷调查、访谈等方式收集学生的意见和建议；同时，高校还应建立学生反馈渠道，鼓励学生积极参与信息化建设的过程，提出自己的需求和想法。通过这样的方式，高校可以更加全面地掌握学生的需求，为信息化建设的决策提供有力的支持。

2. 注重实效

注重实效是大学生管理信息化建设的重要目标，这一原则强调高校在推进信息化建设的过程中，应关注实际效果，确保每一项信息化措施都能够真正提升学生的管理效率和服务水平，这要求高校在信息化建设过程中，不仅要注重技术的先进性和创新性，更要关注技术的实用性和有效性。在实践中，注重实效要求高校建立起一套科学的评估机制，这包括对信息化建设的成果进行定期评估，了解信息系统在提升学生管理效率和服务水平方面的实际作用；同时，高校还应根据评估结果及时调整信息化建设的策略和方向，确保信息化建设能够不断适应学生管理的需求变化。

为了实现需求导向和注重实效的原则，高校在推进大学生管理信息化的过程中还需要采取一系列具体的实践路径，主要包括以下方面：①加强信息化基础设施建设。高校应加大对信息化建设的投入力度，提升校园网络的覆盖范围和传输速度，优化数据中心和云计算平台的建设，为信息化应用提供稳定、高效的基础支撑。②推动信息系统集成与共享。高校应打破各部门之间的信息壁垒，推动各类信息系统的集成与共享，实现数据的互通互联，这不仅可以提高信息的利用率和准确性，还可以避免信息孤岛的产生，提升整体管理效率。③提升信息化应用水平。高校应根据学生管理的实际需求，开发或引进符合实际需求的信息系统，如学生信息管理系统、在线教学平台等。同时，高校还应加强对师生的信息化培训，提升他们的信息素养和应用能力，确保信息化应用能够真正落地生根。④加强信息安全保障。在推进信息化建设的过程中，高校应高度重视信息安全问题，建立健全信息安全管理制度和技术防护措施，确保信息系统的稳定运行和数据的安全可靠。

总而言之，需求导向与注重实效是大学生管理信息化建设的核心原则。通过深入调研学生需求、开发符合实际需求的信息系统、加强信息系统的维护和更新工作以及定期评估信息化建设的成果等方式，高校可以推动大学生管理信息化的深入发展，提升教育服务质量和效率，这一过程的实施不仅需要高校管理层的高度重视和大力支持，还需要广大师生员工的积极参与和共同努力。只有这样，才能真正实现大学生管理信息化的目标，为高校的发展注入新的活力和动力。在未来的发展中，随着信息技术的不断进步和应用领域的不断拓展，大学生管理信息化将面临更多的机遇和挑战。高校应继续坚持“需求导向，注重实效”的原则，不断创新信息化建设的思路和方法，为提升教育服务质量和效率贡献更多的智慧和力量。同时，高校还应加强与外部机构的合作与交流，借鉴先进经验和技术成果，共同推动大学生管理信息化的深入发展。

（三）整合资源与优化配置

在当今日新月异的信息化时代，大学生管理信息化已成为高校管理改革与发展的重要方向。资源整合与优化配置作为实现大学生管理信息化的关键环节，对于提升高校管理效率、优化资源配置、推动教育现代化具有深远的意义。因此，深入探讨资源整合与优化配置在大学生管理信息化中的具体应用与实践，对于高校管理水平的提升具有积极的推动作用。

1. 整合资源

大学生管理信息化应充分利用现有资源，打破信息壁垒，实现资源的优化配置。高校作为人才培养和知识创新的重要基地，拥有丰富的教育资源和科研实力。然而，由于部门之间缺乏有效的信息沟通与共享机制，往往导致资源重复建设、利用效率低下等问题。因此，高校应加强校内外的资源整合和共享，通过信息化手段实现资源的优化配置和高效利用。具体而言，高校可以通过建立统一的信息化平台，实现各部门之间的信息共享和协同工作，这一平台可以整合高校内部的教育、科研、管理等各类资源，为师生提供便捷的信息查询、资源共享和交流互动服务。通过信息化平台的建设，不仅可以减少重复劳动和资源浪费，还可以提高工作效率和决策水平。例如，在教学管理方面，教师可以通过平台上传课件、布置作业、组织考试等，实现教学资源的共享和优化利用；在科研方面，科研人员可以通过平台查询文献资料、交流研究成果、申请科研项目等，提高科研工作的效率和水平。

2. 优化配置

（1）高校应注重硬件和软件资源的平衡发展。硬件资源是信息化建设的基础，包括计算机设备、网络设施、数据中心等。高校应根据自身实际情况和发展需求，合理配置硬件资源，确保信息化建设的顺利进行。同时，软件资源也是信息化建设的重要组成部分，包括各类应用软件、数据库、操作系统等。高校应根据实际需求和发展趋势，积极引进和更新软件资源，为师生提供高效、便捷的信息服务。在硬件和软件资源的配置过程中，高校应遵循“按需配置、适度超前”的原则。即根据实际需求和发展趋势，合理确定硬件配置和软件选型的规模和标准，既要满足当前工作的需要，又要考虑未来的扩展和升级需求。同时，高校还应加强硬件和软件资源的维护和管理，确保设备的正常运行和软件的安全稳定。

（2）高校应加强人才队伍建设，培养一支具备信息技术和管理能力的专业团队，这支团队将负责信息化建设的规划、实施和维护工作，为大学生管理信息化提供有力保障。具体而言，高校可以通过招聘引进优秀人才、加强在职人员培训等方式，提升团队成员的信息技术和管理能力。同时，高校还应建立健全激励机制和考核评价体系，激发团队成员的工作积极性和创新能力。在人才队伍建设的过程中，高校应注重团队成员之间的协作与沟通。信息化建设是一个系统工程，需要各部门之间的密切配合和协同工作。因此，高校应建立健全跨部门协作机制，加强团队成员之间的信息沟通与共享，形成合力推动信息化建设的顺利进行。

（3）高校应注重与外部资源的整合与利用。随着信息化技术的不断发展，越来越多的社会资源和服务可以通过网络获取和利用。高校应积极与外部机构和企业建立合作关系，引入外部优质资源和服务，为大学生管理信息化提供有力支持。例如，高校可以与图书馆、档案馆等机构合作，共享数字资源；与互联网企业合作，引入先进的在线教育和管理系统；与科研机构合作，共同研发适用于高校管理的信息化技术等。

总而言之，整合资源与优化配置是大学生管理信息化的重要环节。高校应充分利用现有资源，加强校内外的资源整合和共享，打破信息壁垒，提高资源利用效率。同时，注重硬件和软件资源的平衡发展，加强人才队伍建设，为大学生管理信息化提供有力保障。通过这些措施的实施，可以推动高校管理水平的提升和教育现代化的进程。

（四）技术创新与引领发展

在当今社会，信息技术的高速发展已经对各行各业产生了深远的影响，大学生管理信息化作为高等教育管理的重要组成部分，也必须积极应对这一时代潮流，借助技术创新，推动管理水平的提升与发展。因此，高校应当主动关注信息技术的发展趋势，及时引进新技术、新应用，以技术创新为引擎，引领大学生管理信息化的发展。

1．技术创新

高校作为人才培养和知识创新的摇篮，有责任也有能力站在技术创新的前沿。云计算、大数据、人工智能等前沿技术的快速发展，为大学生管理信息化提供了广阔的空间和无限的可能性，这些技术不仅能够提高信息化建设的效率和质量，还能够推动管理模式的创新和变革。

（1）云计算技术以其强大的数据处理能力和灵活的资源共享机制，为大学生管理信息化提供了强大的技术支持。通过云计算技术，高校可以实现数据的集中存储和共享，打破信息孤岛，提高数据处理的效率和准确性。同时，云计算技术还能够降低信息化建设的成本，提高资源的利用率，为高校的可持续发展提供了有力保障。

（2）大数据技术能够对海量数据进行分析和挖掘，为高校管理决策提供科学依据。通过对大学生学习、生活、就业等各方面的数据进行收集和分析，高校可以更加精准地把握学生的需求和特点，为人才培养提供有针对性的指导和支持。同时，大数据技术还能够帮助高校发现管理中的问题和不足，为改进管理提供有力支持。

（3）人工智能技术是实现自动化和智能化管理的关键。通过引入人工智能技术，高校可以实现自动化办公、智能监控、智能推荐等功能，提高管理工作的效率和质量。同时，人工智能技术还能够为高校提供更加便捷、高效的服务，提升学生的满意度和获得感。

2．引领发展

企业作为市场经济的主体，具有敏锐的市场洞察力和丰富的实践经验。通过与企业的合作，高校可以了解市场需求和技术动态，为信息化建设提供有益的参考和借鉴。同时，企业也可以为高校提供技术支持和人才支持，共同推动大学生管理信息化的发展。

（1）高校在技术创新的过程中应注重知识产权的保护和利用。技术创新成果是高校的宝贵财富，也是推动大学生管理信息化发展的重要动力。因此，高校应加强知识产权管理，建立健全的知识产权保护制度，确保技术创新成果的合法性和安全性。同时，高校还应积极推广和应用技术创新成果，推动大学生管理信息化的广泛应用和发展。通过技术转让、技术许可等方式，将技术创新成果转化为实际生产力，为社会的进步和发展作出贡献。

（2）在推动技术创新的过程中，高校需要注重人才培养和团队建设。技术创新离不开高素质的人才和优秀的团队。因此，高校应加强对信息技术人才的培养和引进，建立一支既懂技术又懂管理的复合型人才队伍。同时，高校还应加强团队建设，鼓励团队成员之间的合作与交流，形成协同创新的良好氛围。

（3）高校在推动大学生管理信息化的过程中，需要注重信息化建设的整体规划和顶层设计。信息化建设是一个系统工程，需要统筹考虑各方面的因素和需求。因此，高校应制定科学合理的信息化建设规划，明确建设目标、任务和措施。同时，高校还应加强顶层设计，确保信息化建设与高校整体发展战略相协调、相促进。

总而言之，大学生管理信息化的构建思路需要整体规划、分步实施、需求导向、注重实效、整合资源、优化配置以及技术创新、引领发展等多方面的综合考虑。通过这些措施的实施，高校可以不断提升大学生管理信息化的水平，为提升高校管理效率、优化服务质量奠定坚实基础。在未来的发展中，高校应继续深化对大学生管理信息化的研究和探索，不断推动信息化建设向更高水平发展。

第三节　大学生管理体系的创新研究

新形势下社会竞争日益激烈，但归根结底是人才之间的竞争。学生作为祖国未来建设和发展的重要支柱，背负着实现中国梦的历史责任和使命，而高校是国家教育的阵地，也面临着严峻的挑战。大学管理者需要做好科学教育和引导方面的工作，以确保学生成才，在大学毕业后可以获得一份满意的工作。在不断提高学生素质和学习能力的基础上，大学管理者需要着重提高学生的道德素质，实践能力，让他们成为国家的栋梁。大学生管理者必须利用社会调研的机会，了解学生、家庭和社会环境，研究学生的特点和个人特征，因材施教，让学生们在学校可以做好步入社会的准备。

高校教育是一种大众教育，随着中国高等教育规模不断扩大，高等教育院校的学生人数迅速增加。这种情况，一方面，不可避免地给高校管理团队施加巨大的压力；另一方面，教师本身承担着繁重的教学和管理任务，教学结构不太稳定，导致教学质量差强人意。而且，学生数量的激增和学生质量的参差不齐也增加了高校管理的困难。同时，随着社会科学和网络技术的快速发展，现在的学生思维更加灵活敏捷，认识接受新事物的能力比较强，这使得高校加大对学生管理工作的创新要求更为迫切。此外，当前用人单位对整体素质高、有自主创新意识的学生更感兴趣。因此，为了满足社会对人才需求的趋势，大学生管理者必须不断优化和改进管理观念、管理系统和管理技术。

大学生管理者需要针对新问题，在教育领域创新教育理念、管理方式方法。特别是，矛盾越多，问题越多，同时也会有更大的创新空间。思想品德教师、辅导员、应该深入研究问题并提出新想法，不断提高自己的创新和创新能力，用自己的创新思维来理解问题。

第一，构建系统化管理机制。为提高管理工作的效率和质量，首先，要建立系统的管理机制，协调所有部门的活动，并根据系统规则限制和说明进行操作；其次，组建学生管理委员会，校长担任委员会主任，亲自督导推进委员会的工作，促使管理人员和辅导员认真做好工作计划并予以实施。思想品德课程教育要根据教育目的制定最佳的方案，优化学习过程，以最少的时间和精力获得最佳的学习效果。因此，必须综合制定完善教学规章制度和学生管理规则、使学生掌握有效学习方法，在此基础上完善学习过程。

第二，优化教学、管理观念。高校需要高度重视学生的管理，负责指导大学生管理者需要改变管理理念，遵循以人为本原则，以学生为主体，有针对性地采取思政教育方法。学生管理者要增强责任感，拓宽自己的知识面，强化法律知识，建全校园安全管理规章制度，加强和保护学生的合法权益。教师需要创新教学方法，选择有效的教学模式，用创新的教学理念设计教学内容，结合内容开发真正适合学生的、更科学、更有效的教学方法，帮助学生更好地发现问题并迅速解决问题。以培养学生的素养和知识为主，注意不同教学方法的有机结合。

第三，向现代立体化管理转变。大学生管理者应基于战略管理的长期愿景，站在全球化思维高度安排教育，这有助于培养学生的全局意识、整体意识。在创新的教学方法中，大学教师需要对课程标准、学生认知水平和教育需求做好分析，高标准严要求，让学生加深对学习内容的理解，让学生可以对学习有更深刻的理解，用新的视角识别学习内容，完成并优化知识系统。

第四，有效借助网络平台优势。网络化时代为教育和管理提供了新的机遇与挑战。如微信平台和腾讯 QQ 平台，组织实时的 3D 校园活动吸引了学生。此外，网络平台是新的和有创造性的，对学生非常有吸引力。通过共享信息和相互讨论，管理层可以了解学生思想学习的最新动态，及时调整目标并给予支持引导。

参考文献

[1]陈新颖．大学生诚信价值观涵育的心理学路径[J].心理月刊,2022,17(5):204.

[2] 程皓．高职院校大学生创新创业教育管理体系构建研究 [J]. 连云港职业技术学院学报，2019，32（4）：72–74.

[3] 丁卫萍．论当代大学生教育投资及其回报 [J]. 会计师，2022（17）：17–19.

[4] 奉中华，张巍，仲心．大学生教育管理的创新与实践研究 [M]. 长春：吉林人民出版社，2021.

[5] 郭雅芳．浅谈高职院校大学生创新创业教育管理工作思路 [J]. 现代职业教育，2018，（26）：219.

[6] 韩媛媛．基于新形势下增强大学生教育管理工作实效性的分析 [J]. 人力资源管理，2018（1）：281–282.

[7] 李龙，李晨光，陈恒英．大学生心理健康教育 [M]. 重庆：重庆大学出版社，2018.

[8] 李书．大学生心理健康教育 [M]. 武汉：华中科技大学出版社，2018.

[9] 刘志红．大学生教育激励问题研究 [J]. 才智，2016（11）：60–61.

[10] 罗勇，崔海涛．大学生教育运用柔性管理理论的思考 [J]. 天津大学学报（社会科学版），2012，14（5）：477–480.

[11] 马永霞．创新创业教育 [M]. 北京：北京理工大学出版社，2022：3.

[12] 莫晓云．论大学生管理目标的定位 [J]. 湖南财政经济学院学报，2003，

19（2）：90.

[13] 唐海波，丁艳红 . 高校学生管理工作专业化的现状与策略 [J]. 现代教育管理，2018，（11）：124–128.

[14] 田生湖，赵学敏 . 我国高校信息化教学的现状、趋势与发展策略 [J]. 当代教育科学，2016（11）：39.

[15] 田育娟 . 大学生教育存在的问题及对策 [J]. 新西部（中旬刊），2015（4）：133，125.

[16] 王炳堃 . 高校大学生管理教育与校园文化建设 [M]. 长春：吉林出版集团股份有限公司，2021.

[17] 王东东 . 对大学生教育管理工作的思索 [J]. 华章，2013（3）：116.

[18] 王峰 . 浅议新媒体时代大学生教育工作 [J]. 新西部（中旬刊），2014（7）：96，94.

[19] 王慧敏 . 生命道德教育：高校道德教育的重要纬度 [J]. 教育探索，2012（4）：122.

[20] 王冀瑶 ．“互联网 +”时代大学生教育管理工作创新路径 [J]. 国际公关，2022（8）：123–125.

[21] 王猛，张海鹰，李墨 . 浅谈大学辅导员对大学生教育和管理 [J]. 管理学家，2014（14）：236–236.

[22] 谢沁怡 . 和谐社会背景下大学生政治诚信建设之思考 [J]. 西南大学学报（社会科学版），2011，37（S1）：185.

[23] 邢维迢，施磊磊 . 新形势下大学生教育管理探析 [J]. 管理学家，2013（20）：466–466.

[24] 熊丽君 . 高校大学生创新创业意识和能力培养探索研究 [J]. 创新创业理论研究与实践，2023，6（11）：112.

[25] 徐晓明 . 关于当代大学生教育管理方法的几点思考 [J]. 赤峰学院学报（哲学社会科学版），2013（10）：259–260.

[26] 徐友辉，何雪梅，罗惠文 . 高职院校学生教育管理创新研究 [M]. 成都：

西南交通大学出版社，2018.

[27] 杨洋 . 构建高校“三全育人”长效机制研究 [J]. 林区教学，2022（9）：9.

[28] 余敏，黄春梅 . 运用创新管理机制开展大学生心理健康教育工作 [J]. 湖北成人教育学院学报，2012，18（3）：44.

[29] 张邦富，彭世逞，刘伟林，等 . 高校学生教育管理实践 [M]. 成都：西南财经大学出版社，2008.

[30] 张嘉志 . 信息化教学方法与技术 [M]. 北京：北京师范大学出版社，2011.

[31] 张洁 . 试论创新教育理念下的高校教育管理 [J]. 山西青年，2022（9）：180.

[32] 赵慧 . 市场经济视角下的大学生择业诚信缺失探析 [J]. 浙江青年专修学院学报，2012，30（2）：49.

[33] 赵瑞杰 . 教师行为对大学生诚信价值观教育的影响与教育对策 [J]. 黑龙江高教研究，2018，36（6）：141.

[34] 王曼 . 高校大学生管理工作创新研究 [J]. 新西部，2020，（11）：117.